なみちゃんが歩いた撮影スポット

福島桜旅
214

毎年、桜の開花を待ちに待って、撮影に飛び出す私。

なぜこんなにも、桜に振り回されているんだろう

と思いながらも桜に会うと、

心和み心弾みワクワク感が止まらないのです。

「また来たよ」と桜に挨拶し、撮影を開始しますが、

あー！日本人で良かった。

やっぱり春が好き！桜が好き！

そして福島県が大好きなのです。

こんな私の思いを共有したく、

こんなにも恵まれた地をもっと知ってもらいたい。

知らない人にも見てもらいたいと思い、

桜を一冊に纏めてみました。

酒井なみ

なみちゃんが歩いた撮影スポット

福島桜旅
214

会津

喜多方市

北塩原村

猪苗代町

西会津町

会津坂下町

湯川村

磐梯町

会津若松市

猪苗代湖

金山町

三島町

柳津町

会津美里町

昭和村

只見町

下郷町

天栄村

西郷村

南会津町

檜枝岐村

県北
P079〜P105

中通り

相双
P011〜P013

浜通り

県中
P026〜P077

いわき
P008〜P010

新地町
相馬市
国見町
桑折町
伊達市
福島市
川俣町
飯舘村
南相馬市
大玉村
二本松市
葛尾村
浪江町
本宮市
双葉町
三春町
田村市
大熊町
郡山市
富岡町
須賀川市
小野町
川内村
鏡石町
玉川村
平田村
楢葉町
矢吹町
石川町
広野町
泉崎村
中島村
古殿町
浅川町
白河市
鮫川村
棚倉町
塙町
いわき市
矢祭町

撮影にあたっての注意事項

●桜の開化時期は年によって変わります。開化情報、ライトアップ、
　駐車場等を事前に確認の上、お出かけください。

●満開時期はカメラマンだけではなく、多くの観光客も桜を見に
　訪れます。三脚を立てて邪魔をすることのないよう配慮しながら
　撮影しましょう。

●私有地を桜ファンのために開放してくださっている場所もあり
　ます。立ち入り禁止エリアや田畑に踏み入ったり、場所を荒らす
　ことのないようにマナーを守って楽しみましょう。

●早朝の撮影は声が響くことから、周囲の住民などに迷惑がかか
　らないよう、小さな声でお話ししましょう。また、ゴミの持ち帰りに
　ご協力ください。

●桜は天候によって表情を変えます。条件が悪くても、その日、その
　時の一番素敵な表情を見つけ、撮影する気持ちが大切です。

浜通り

▶いわき市

▶南相馬市

▶富岡町

▶楢葉町

南相馬市

富岡町

楢葉町

いわき市

小川諏訪神社のシダレザクラ

おがわすわじんじゃのしだれさくら

少し高い石垣から枝垂れる姿が美しいです。市街の
ソメイヨシノより少し早く咲き、毎年多くの花見客で
賑わいます。ライトアップにより幻想的な姿が浮かび
上がります。

MAP

地域圏：浜通り
エリア：いわき
市町村：いわき市

◎市指定天然記念物

種類	シダレザクラ		
見頃	3月下旬～4月上旬		
樹齢	500年		
樹高	11.5m	幹周	3.6m
駐車場	有	ライトアップ	あり
所在地	いわき市小川町高萩家ノ前140-1		
開花情報			

https://kankou-iwaki.or.jp/feature/sakura/top

❷ 21世紀の森公園の河津桜
にじゅういっせいきのもりこうえんのかわづざくら

春一番の散策人気スポット。河津桜の艶やかな桜色が早い春の訪れを感じさせます。

種類	河津桜
見頃	2月中旬〜3月上旬
所在地	いわき市常磐湯本町 上浅貝110-33
駐車場	有
開花情報	

https://kankou-iwaki.or.jp/feature/sakura/top

MAP

地域圏：浜通り
エリア：いわき
市町村：いわき市

❸ 新田の大山桜
しんでんのおおやまざくら

地域圏：浜通り
エリア：いわき
市町村：いわき市

小高い丘に支柱もなく、威風堂々と咲くオオヤマザクラの古木。越代のサクラと共にゴールデウィーク前後に楽しめます。淡いピンクが里山の春に彩りをそえます。

◎市指定保存樹

MAP

種類	ヤマザクラ		
見頃	4月下旬〜5月上旬		
樹齢	400年	樹高	16m
幹周	4.2m	駐車場	有
所在地	いわき市三和町下市萱新田		
開花情報			

https://kankou-iwaki.or.jp/feature/sakura/top

夏井川渓谷のアカヤシオと山桜

なついがわけいこくのあかやしおとやまざくら

JR磐越東線では毎年列車が徐行運転され、一面の
アカヤシオとヤマザクラを車窓から楽しむことができます。
夏井川渓谷の籠場の滝や夏井川渓谷錦展望台の
辺りの岩場にアカヤシオとヤマザクラが群生し、山肌を
ピンク色に染めます。

MAP

地域圏：浜通り
エリア ：いわき
市町村：いわき市

種類	ヤマザクラ
見頃	4月上旬〜中旬
駐車場	有（夏井川渓谷錦展望台）
トイレ	有（JR江田駅前、夏井川渓谷錦展望台）
所在地	いわき市小川町上小川町地内
開花情報	

https://kankou-iwaki.or.jp/feature/sakura/top

 # 夜の森 桜のトンネル
よのもり さくらのとんねる

富岡町の復興拠点で避難指示が解除されました。
国道6号線から夜の森公園へと続く道に全長2.2
キロに渡り420本の見事なトンネルをつくります。「桜
まつり」も開催。

 地域圏：浜通り
エリア：相双
市町村：富岡町

MAP

種類	ソメイヨシノ
見頃	4月上旬〜中旬
推定樹齢	100年
駐車場	臨時駐車場
所在地	双葉郡富岡町字夜の森南南2丁目 南側3丁目、北側2丁目
ライトアップ	有
開花状況の問合せ	富岡町産業振興課☎0240-22-2111

⑥ 宝泉寺の枝垂れ紅桜
ほうせんじのしだれべにざくら

900年の長きに渡り風雪に耐え続けてきた老樹として後世まで継承したい桜です。宝泉寺は康和元年(1099年)一意法師の開山と伝えられている富岡町内でも屈指の古刹です。

MAP

 地域圏：浜通り
エリア：相双
市町村：富岡町

◎町指定天然記念物

種類	ベニシダレザクラ
見頃	4月上旬〜中旬
樹齢	900年
樹高	12.5m
幹周	5m
駐車場	有
所在地	双葉郡富岡町本岡王塚451
開花状況の問合せ	富岡町産業振興課☎0240-22-2111

7 清隆寺のシダレザクラ
せいりゅうじのしだれざくら

MAP

開花時期には国道6号線からも目を引くほどの色濃いシダレザクラが咲き誇ります。

地域圏：浜通り
エリア：相双
市町村：楢葉町

種類	ベニシダレザクラ
見頃	4月上旬〜中旬
樹齢	200年
樹高	8m　駐車場　有
所在地	双葉郡楢葉町山田岡上ノ台1

開花状況の問合せ
楢葉町生涯まなび課
☎0240-25-2492

8 相馬小高神社の枝垂桜
そうまおだかじんじゃのしだれざくら

地域圏：浜通り
エリア：相双
市町村：南相馬市

ソメイヨシノより一足早く先にシダレザクラが咲きます。相馬野馬追の最終日に行われる「野馬懸」の祭場地としても知られています。

種類	シダレザクラソメイヨシノ
見頃	4月上旬〜中旬
駐車場	有
所在地	南相馬市小高区小高字古城13

開花状況の問合せ
小高観光協会
☎0244-44-6014

MAP

県南

▶白河市
▶棚倉町
▶矢祭町
▶塙町
▶泉崎村
▶鮫川村

 ⑨ 楽翁桜
らくおうざくら

白河藩主・松平定信が南湖を築造した際に植えた
桜と伝わっています。定信の号「楽翁」からその名
前はつけられました。紅色が濃く小さく可憐な花を
たくさん咲かせます。ライトアップの夜桜は幽玄の世
界へと誘います。

MAP

　地域圏：中通り
エリア ：県南
市町村：白河市

種類	ベニシダレザクラ
見頃	4月中旬～下旬
樹齢	200年
駐車場	有
所在地	白河市菅生舘2
開花状況の問合せ	白河市観光課☎0248-22-1111

 10 妙関寺の乙姫桜
みょうかんじのおとひめざくら

濃艶な桜のため「乙姫桜」と呼ばれ、伊達政宗公が将軍家に献上する桜の苗木一本を妙関寺住職が譲り受けたものとされます。県内の桜でも色が濃く、かわいいのが特徴です。

◎市指定天然記念物

種類	ベニシダレザクラ		
見頃	4月中旬〜下旬	樹齢	400年
大きさ	樹高13m、幹周3.25m	駐車場	有
所在地	白河市金屋町116		
開花状況の問合せ	白河市観光課☎0248-22-1111		

地域圏：中通り
エリア：県南
市町村：白河市

MAP

 11 関川寺の結城桜
かんせんじのゆうきざくら

関川寺ゆかりの人物・結城宗広（ゆうきむねひろ）廟から望める場所にあることから「結城桜」と呼ばれます。

地域圏：中通り
エリア：県南
市町村：白河市

MAP

種類	シダレザクラ	見頃	4月中旬〜下旬
樹齢	200年	大きさ	樹高12m
所在地	白河市愛宕町94		
開花状況の問合せ	白河市観光課☎0248-22-1111		

12 妙徳寺の源清桜
みょうとくじのげんせいざくら

慶長年間に片岡駿河守源清が妙徳寺を創建した時に植樹したものと言われています。乙姫桜の隣にあるので合わせて見たい一本です。

地域圏：中通り
エリア：県南
市町村：白河市

MAP

種類	エドヒガンザクラ		
樹齢	400年	駐車場	有
見頃	4月中旬〜下旬		
所在地	白河市金屋町113		
開花状況の問合せ	白河市観光課 ☎0248-22-1111		

13 南湖公園の桜
なんここうえんのさくら

白河藩主・松平定信（楽翁公）が身分の差を超えて誰もが憩える「士民共楽」の理念のもと築造しました。日本最古といわれる公園で国の史跡および名勝に指定されています。

MAP

地域圏：中通り
エリア：県南
市町村：白河市

種類	ソメイヨシノ	見頃	4月中旬〜下旬	駐車場	有
所在地	白河市南湖	開花状況の問合せ	白河市観光課☎0248-22-1111		

14 本沼花見山
もとぬまはなみやま

緑地の環境整備を兼ね、花見山を目指して整備を進めています。将来は新名所白河の桃源郷を期待したい。10数haの沢全体に桜が植樹されています。

MAP

地域圏：中通り
エリア：県南
市町村：白河市

見頃	4月上旬〜中旬
所在地	白河市本沼白坂前

15 昌健寺のしだれ桜

しょうけんじのしだれざくら

一時、弱っていましたが、今ではお寺を覆い、
地面に付きそうなほど回復しました。

MAP

地域圏：中通り
エリア：県南
市町村：泉崎村

◎村指定天然記念物

種類	ベニシダレザクラ／エドヒガンザクラ	
見頃	4月上旬〜中旬	樹齢 230年
所在地	西白河郡泉崎村大字泉崎下宿88	
開花状況の問合せ	泉崎村役場産業経済課☎0248-53-2430	

16 松雲寺観音しだれ桜

しょううんじかんのんしだれざくら

県内でもっとも早く咲く戸津辺の桜の
次にここに撮影にやってきます。中通り
で一番早く満開を迎える桜です。

種類	ベニシダレザクラ	見頃	4月上旬〜中旬
樹齢	300年	大きさ	樹高18m、幹周2.8m
所在地	白河市舟田寺西11(松雲寺内)		
開花状況の問合せ	白河市観光課☎0248-22-1111		

MAP

地域圏：中通り
エリア：県南
市町村：白河市

⑰ 高萩の枝垂れ桜
たかはぎのしだれざくら

表郷地域の高台に立ち、国道289号線から見ることもできます。開花時期になるとライトアップされ、幽玄な姿を見せてくれます。ここは白河城主阿部家の家老屋敷があったと言われ、太夫屋敷と呼ばれる場所です。

MAP

地域圏：中通り
エリア：県南
市町村：白河市

種類	シダレザクラ
見頃	4月上旬～中旬
大きさ	樹高16m、幹周4m
駐車場	有
所在地	白河市表郷小松下高萩
開花状況の問合せ	白河市観光課☎0248-22-1111

18 戸津辺の桜
とつべのさくら

県内で一番に花をつける早咲きの一本桜。農家暦の役割も果たして地元民に愛されてきました。JR水郡線が近くを走るので鉄道風景として撮ることもできます。

◎県指定天然記念物

種類	エドヒガンザクラ
見頃	3月下旬～4月上旬
大きさ	樹高18m、幹周6.5m
所在地	東白川郡矢祭町大字中石井字戸津辺88
開花状況の問合せ	矢祭町役場 事業課産業グループ☎0247-46-4575

地域圏：中通り
エリア：県南
市町村：矢祭町

MAP

樹齢	600年
駐車場	有

19 風呂山公園の桜

ふろやまこうえんのさくら

4000本の山つつじが咲き誇ることでも知られます。シダレザクラが葉桜の頃、山つつじが見頃になります。遠くを走る水郡線とのコラボも楽しめます。

MAP

地域圏：中通り
エリア：県南
市町村：塙町

◎福島緑の百景、福島遺産百選

種類	シダレザクラ／ソメイヨシノ
見頃	4月上旬〜中旬
樹齢	400年
所在地	東白川郡塙町塙桜木町地内
開花状況の問合せ	塙町観光協会☎0247-43-3400

20 花園しだれ桜
はなぞのしだれざくら

田園風景を背に脇の池に映る姿は「逆さ桜」として見ごたえあり。桜の後ろに水郡線の列車と一緒に撮ることができます。夜景や早朝の朝モヤ、雪景色とカメラマンに人気のスポットです。

地域圏：中通り
エリア：県南
市町村：棚倉町

MAP

種類	シダレザクラ
見頃	4月上旬〜中旬
樹齢	160年
駐車場	有
ライトアップ	有
所在地	東白川郡棚倉町大字花園字沢目81-22
開花状況の問合せ	棚倉町観光協会☎0247-33-7886

 火打石のしだれ桜

ひうちいしのしだれざくら

里山の原風景を残した集落の中に幽玄な姿のしだれ桜が迎えてくれます。村で一番古い桜であり、笠のように広がる枝ぶりで土壁の小屋とマッチするのどかな風景です。

◎福島県緑の文化財

種類	シダレザクラ		
見頃	4月上旬～中旬	樹齢	400年
大きさ	樹高20m、幹周4m	ライトアップ	有
所在地	東白川郡鮫川村赤坂西野火打石48		
開花状況の問合せ	鮫川村農林商工課☎0247-49-3113		

MAP

地域圏：中通り
エリア：県南
市町村：鮫川村

 棚倉城跡〈亀ヶ城公園〉

たなくらじょうあと〈かめがじょうこうえん〉

4月中旬には「十万石棚倉城まつり」を開催。お堀周辺では映り込みや花筏もできるので長期にわたり撮影が楽しめます。

MAP

地域圏：中通り
エリア：県南
市町村：棚倉町

種類	ソメイヨシノ、シダレザクラ	
見頃	4月上旬～中旬	駐車場	有
所在地	東白川郡棚倉町大字棚倉字城跡	
開花状況の問合せ	棚倉町観光協会☎0247-33-7886	

県中

▶郡山市

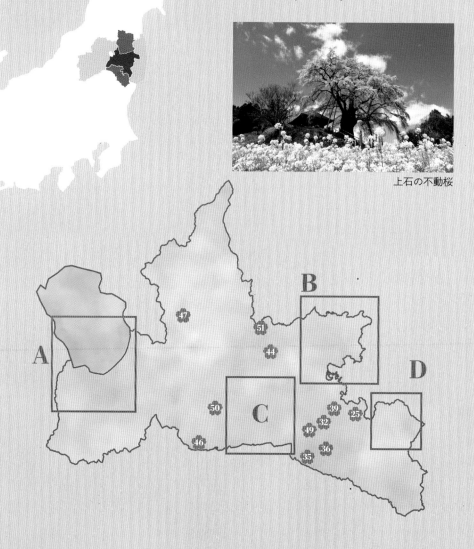

上石の不動桜

A

B

C

D

47

51

44

50

46

49

32

39

25

35

36

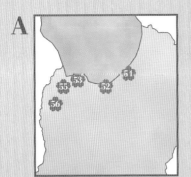

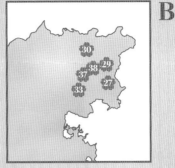

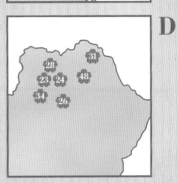

郡山駅

 紅枝垂地蔵ザクラ
べにしだれじぞうざくら

三春滝桜の娘と伝えられ、滝桜に比べて濃いピンクの花をつけた枝が特徴です。桜の下には、地蔵堂があり、昔から赤ん坊の短命、夭折（ようせつ）の難を逃れるため、この地蔵に願をかけていました。左右に伸びた枝が妖艶な雰囲気を醸し出します。

◎市指定天然記念物

地域圏：中通り
エリア：県中
市町村：郡山市

MAP

種類	エドヒガンザクラ（シダレザクラ）		
見頃	4月中旬〜下旬	樹齢 400年	駐車場 有
所在地	郡山市中田町木目沢字岡ノ内212	開花状況の問合せ	郡山市中田町観光協会☎024-973-2211

 はなもも回廊
はなももかいろう

紅枝垂地蔵ザクラのすぐそばにあります。約1キロの小道を彩る美しいコントラストで癒やされながら散策できます。急な坂道があるので歩きやすい靴でお越しください。

MAP

地域圏：中通り
エリア：県中
市町村：郡山市

駐車場 有	所在地	郡山市中田町木目沢字岡ノ内191-1
開花状況の問合せ	郡山市中田町観光協会☎024-973-2211	

25 上石の不動桜

あげいしのふどうざくら

 地域圏：中通り
エリア：県中
市町村：郡山市

MAP

不動明王をまつる不動堂の境内にあるために名付けられました。滝桜の子孫と考えられています。お堂には天井に落書きが残っていますが、幕末ごろに寺子屋として使われた名残と言われています。

◎市指定天然記念物

種類
エドヒガンザクラ(シダレザクラ)

見頃　4月中旬〜下旬

樹齢　350年

駐車場　有

所在地
郡山市中田町上石字舘345付近

開花状況の問合せ
郡山市中田町観光協会
☎024-973-2211

26 五斗蒔田桜

ごとまきたさくら

地域圏：中通り
エリア：県中
市町村：郡山市

MAP

三春滝桜の子孫。桜のある土手の下には今も馬頭観音が祀られています。東北に伸びた丘に対し、平行に伸びる枝が特徴的です。

種類　シダレザクラ

見頃　4月中旬〜下旬

樹齢　150年

所在地
郡山市中田町木目沢
字五斗蒔田

開花状況の問合せ
郡山市中田町観光協会
☎024-973-2211

027

27 雪村桜
せっそんざくら

室町時代の画僧「雪村」が晩年を
過ごしたと言われる場所に建てられた
雪村庵。背景に広がる竹林の緑と
桜色が美しいコントラストを奏で、水
墨画のような美しさを見せます。

地域圏:中通り
エリア :県中
市町村:郡山市

MAP

種類	エドヒガンザクラ(シダレザクラ)			
見頃	4月上旬〜中旬	樹齢	400年	駐車場 有

所在地 郡山市西田町大田雪村174-2
開花状況の問合せ 郡山市観光協会☎024-954-8922

28 伊勢桜
いせざくら

地域圏:中通り
エリア :県中
市町村:郡山市

県道40号線の小高い堤から道路に
覆いかぶさるように咲き誇ります。

種類	シダレザクラ
見頃	4月中旬〜下旬
樹齢	250年

所在地
郡山市中田町黒木字宮ノ前243-1
開花状況の問合せ
郡山市中田町観光協会☎024-973-2211

MAP

29 天神夫婦桜
てんじんめおとざくら

MAP

地域圏：中通り
エリア ：県中
市町村：郡山市

2本の桜が夫婦のように寄り添っています。桜の下のお堂には学問の神様である菅原道真が祀られていて、高台から子どもたちを見守って咲いているようです。高柴デコ屋敷にあり、時折「ひょっとこ」が出没します。

種類
エドヒガンザクラ、シダレザクラ
見頃　4月上旬〜中旬
樹齢　500年
駐車場 有　ライトアップ 有
所在地
郡山市西田町高柴舘野196
開花状況の問合せ
郡山市観光協会
☎024-954-8922

30 内出の桜
うちでのさくら

MAP

地域圏：中通り
エリア ：県中
市町村：郡山市

「ウバヒガン」が突然変異した珍しい桜。白紅色の花が住宅地を眺めているようでもあります。私有地にあるのでマナーを守って楽しみましょう。

◎市指定天然記念物
種類　ウバヒガンの変異種
見頃　4月上旬〜中旬
樹齢　220年
所在地
郡山市西田町土棚内出134
開花状況の問合せ
郡山市観光協会
☎024-954-8922

 31 水月観音堂常林寺の桜
すいげつかんのんどう じょうりんじのさくら

水月観音堂桜とも呼ばれ、常林寺の境内には3本の枝垂れ桜があります。
一番大きいものは、三春の滝桜の子孫。桜は艶やかで濃い紅色です。

地域圏：中通り
エリア：県中
市町村：郡山市

MAP

種類	シダレザクラ	見頃	4月中旬～下旬	樹齢	100年
所在地	郡山市中田町駒板字表71付近	開花状況の問合せ	郡山市中田町観光協会☎024-973-2211		

  **32 龍光寺の桜**
りゅうこうじのさくら

郡山市中田町にある天台宗の寺院。小高い丘にあり、
桜はさらに高い墓地から枝を爽やかに揺らしています。

MAP

地域圏：中通り
エリア：県中
市町村：郡山市

種類	シダレザクラ	見頃	4月中旬～下旬
樹齢	250年	駐車場	有
所在地	郡山市中田町赤沼字赤沼143		
開花状況の問合せ	郡山市中田町観光協会☎024-973-2211		

33 建福寺の枝垂桜
けんぷくじのしだれざくら

MAP

地域圏：中通り
エリア：県中
市町村：郡山市

早咲きの桜。色の濃い桜花とカタクリの花が楽しめます。

種類	エドヒガンザクラ(シダレザクラ)
見頃	4月上旬〜中旬
樹齢	250年
駐車場	有
ライトアップ	有

所在地
郡山市西田町木村行部入14

開花状況の問合せ
郡山市観光協会
☎024-954-8922

34 表の桜
おもてのさくら

MAP

地域圏：中通り
エリア：県中
市町村：郡山市

「上石の不動桜」の子で高台に咲き誇る形の整った桜。名前の由来は土地の所有者が庄屋であったことから家を「表」と呼ばれたことによるそうです。

種類	ベニシダレザクラ
見頃	4月中旬〜下旬
樹齢	70年

大きさ
樹高9.3m、幹周3.5m

所在地
郡山市中田町黒木大坂252

開花状況の問合せ
郡山市中田町観光協会
☎024-973-2211

35 弥明の桜

みみょうのさくら

MAP

地域圏：中通り
エリア：県中
市町村：郡山市

樹齢500年になるこの桜は
見事な枝ぶりで見ごたえも
十分です。

◎市指定天然記念物

種類	エドヒガンザクラ
見頃	4月上旬～中旬
樹齢	500年
大きさ	

樹高18.5m、幹周6.2m

| 駐車場 | 有 |
| 所在地 | |

郡山市田村町守山字弥明

| 開花状況の問合せ | |

郡山市観光協会
☎024-954-8922

36 長興寺の桜

ちょうこうじのさくら

MAP

地域圏：中通り
エリア：県中
市町村：郡山市

長興寺の参道石段脇の
斜面に立つシダレザクラで、
根元にある石垣の下まで
花を付けた枝を垂らしてい
ます。

種類	シダレザクラ
見頃	4月上旬～中旬
樹齢	150年
所在地	

郡山市田村町守山上河原
92-1

| 開花状況の問合せ | |

郡山市観光協会
☎024-954-8922

37 山王桜
さんのうざくら

桜の周辺はカタクリの群生地でもあり、この時期は
桜とカタクリの花の両方を楽しむことができます。
桜の株元に水芭蕉も咲きます。

MAP

地域圏：中通り
エリア：県中
市町村：郡山市

| 種類 | エドヒガンザクラ | 見頃 | 4月上旬〜中旬 |
| 樹齢 | 500年 | 駐車場 | 有 |

所在地　郡山市西田町三丁目山王地内
開花状況の問合せ
郡山市観光協会☎024-954-8922

38 梅の里 梅ロード
うめのさと うめろーど

梅と桜が同時に咲き乱れます。
4月上旬には梅の里まつりが開催されます。

地域圏：中通り
エリア：県中
市町村：郡山市

MAP

見頃　3月下旬〜4月上旬
駐車場　有
所在地　郡山市西田町三町目字喜田46
開花状況の問合せ　郡山市観光協会
　　　　　　　　☎024-954-8922

39 花木団地の桜

かぼくだんちのさくら

面積は25haあり、サクラだけでなくモクレン、
レンギョウ、ウメ、モモ、ボケ、ナンテン、サンゴ
ミズキなど、春の花が辺り一面に咲き誇る
桃源郷です。

地域圏：中通り
エリア：県中
市町村：郡山市

MAP

見頃　4月上旬〜中旬
所在地　郡山市中田町高倉字池袋　　開花状況の問合せ　郡山市中田町観光協会☎024-973-2211

40 開成山大神宮の桜

かいせいざんだいじんぐうのさくら

地域圏：中通り
エリア：県中
市町村：郡山市

約200本の桜が咲き誇る県内でも有数の桜の名所。伊勢神宮の分霊が奉納されているため、「東北のお伊勢さま」とも呼ばれます。「開成山桜祭り」も開催されます。

種類	シダレザクラ、ソメイヨシノ
見頃	4月上旬〜中旬
駐車場	有

所在地
郡山市開成3丁目1-38

開花状況の問合せ
開成山大神宮 社務所
☎024-932-1521

---

41 開成山公園の桜

かいせいざんこうえんのさくら

地域圏：中通り
エリア：県中
市町村：郡山市

公園内に約1300本が咲き誇ります。2023年3月「ラッキー公園」がオープン。ウエディングフォトの前撮りにもおすすめです。

種類	ソメイヨシノ、山桜
見頃	4月上旬〜中旬
駐車場	有
ライトアップ	有
所在地	郡山市開成1丁目

開花状況の問合せ
郡山市観光協会
☎024-954-8922

42 日本最古の染井吉野〈開成山公園〉

にほんさいこのそめいよしの かいせいざんこうえん

安積開拓当時(1878年)に植えたとの文献が残ります。科学的に調査され、樹木医学会の学会誌で日本最古であることが認められました。開成社が約3900本植栽したソメイヨシノの1本。

地域圏：中通り
エリア：県中
市町村：郡山市

種類	ソメイヨシノ
見頃	4月上旬～中旬
樹齢	150年
駐車場	有

所在地
郡山市開成1丁目
開花状況の問合せ
郡山市観光協会
☎024-954-8922

MAP

43 郡山市公会堂の桜

こおりやましこうかいどうのさくら

市内で一番開花が早いと言われている公会堂の桜並木は郡山に春を呼び込みます。大正13年の市制施行を記念して築造されたルネッサンス様式を基調としたモダンな外観。国の有形文化財。

地域圏：中通り
エリア：県中
市町村：郡山市

種類	ソメイヨシノ
見頃	4月上旬～中旬
駐車場	有
所在地	郡山市麓山一丁目8-4
開花状況の問合せ	郡山市観光協会

☎024-954-8922

MAP

 45 五百淵公園の桜
ごひゃくぶちこうえんのさくら

自然のままの森が息づく五百淵に約165本が咲きます。公園の北側には、野鳥の森学習館があり、灌漑用ため池として造られたといわれる五百淵。花筏の撮影も楽しめます。

MAP

地域圏:中通り		
エリア：県中		
市町村:郡山市		

種類	ソメイヨシノ
見頃	4月上旬〜中旬
駐車場	有　　ライトアップ　有
所在地	郡山市山崎1-1

開花状況の問合せ
郡山市観光協会☎024-954-8922

 44 藤田川ふれあい桜
ふじたがわふれあいざくら

喜久田駅の近くにある藤田川堀之内橋を中心に、両岸3キロに渡り約500本のソメイヨシノが咲き誇ります。タイミングが合えば両岸の桜の間から磐越西線を撮ることができます。

MAP

地域圏:中通り	
エリア：県中	
市町村:郡山市	

種類	ソメイヨシノ	見頃	4月上旬〜中旬
駐車場	有	ライトアップ	有
所在地	郡山市喜久田町堀之内字下河原		

開花状況の問合せ
郡山市観光協会☎024-954-8922

 46 笹原川千本桜
ささはらがわせんぼんざくら

地域圏：中通り
エリア：県中
市町村：郡山市

MAP

郡山市と須賀川市の境を流れる笹原川に渡る明神橋を中心に上下約2キロにソメイヨシノなど約1000本の桜並木が続いています。田園が広がるのどかな風景の中、のんびりと散歩を楽しめる花見スポット。笹原川千本桜まつりも開催されます。

種類	ソメイヨシノ	見頃	4月上旬〜中旬
駐車場	有	ライトアップ	有
所在地	郡山市三穂田町下守屋地区笹原川		
開花状況の問合せ	郡山市観光協会☎024-954-8922		

47 竹之内発電所の桜
たけのうちはつでんしょのさくら

発電所を取り囲むように、導管に沿って咲く桜は圧巻。まるで昇り龍のようです。猪苗代湖と安積疏水の落差を利用して造られた水力発電所は近代化産業遺産。

地域圏：中通り
エリア：県中
市町村：郡山市

MAP

| 種類 | ソメイヨシノ | 見頃 | 4月下旬〜5月上旬 | 駐車場 | 有 |
| 所在地 | 郡山市熱海町安子島竹ノ内 | 開花状況の問合せ | 磐梯熱海温泉観光協会☎024-984-2625 | | |

48 龍ヶ岳公園の桜
じょうがだけこうえんのさくら

エドヒガン、シダレザクラなどの古木が13本群生しています。コブシとのコラボが美しく、桜越しに安達太良が望めます。知る人ぞ知る静かな公園。

MAP

地域圏：中通り
エリア：県中
市町村：郡山市

◎市指定天然記念物

| 種類 | エドヒガンザクラ、シダレザクラ | 見頃 | 4月中旬〜下旬 | 樹齢 | 200年 | 駐車場 | 有 |
| 所在地 | 郡山市中田町木目沢字割石 | 開花状況の問合せ | 郡山市中田町観光協会☎024-973-2211 |

49 大安場史跡公園
おおやすばしせきこうえん

地域圏：中通り
エリア：県中
市町村：郡山市

大安場古墳には、前方後方墳が1基、円墳が4基あり、ソメイヨシノが咲き誇ります。

MAP

種類	ソメイヨシノ
見頃	4月上旬〜中旬
駐車場	有
所在地	郡山市田村町大善寺大安場160
開花状況の問合せ	郡山市観光協会 ☎024-954-8922

50 浄土松公園
じょうどまつこうえん

浄土松の風景が日本三景の松島に似ているため「陸の松島」と呼ばれます。桜に囲まれるように公園があるのでスナップ撮影にも適しています。

MAP

地域圏：中通り
エリア：県中
市町村：郡山市

| 種類 | ソメイヨシノ | 見頃 | 4月上旬〜中旬 | 駐車場 | 有 |
| 所在地 | 郡山市逢瀬町多田野字浄土松1-1 | 開花状況の問合せ | 郡山市逢瀬町観光協会☎024-957-3000 |

 # 51 四季の里 緑水苑の桜
しきのさと りょくすいえんのさくら

安達太良を背景に五百川に隣接した約3万坪に及ぶ自然型の池泉回遊式の花庭園。春には、桜、ツツジ、シャクヤク、花菖蒲などの花々、秋には、モミジ、イチョウなどが装いを替えながら苑内を彩ります。苑内にはバーベキューや芋煮会にも使える野外・屋内の施設やイベント用の芝生広場もあります。

地域圏：中通り
エリア：県中
市町村：郡山市

MAP

見頃 4月上旬〜中旬
駐車場 有
料金
大人500円、小・中学生300円
開園時間 春夏 8:30〜17:00
秋冬 8:30〜16:00
定休日 水曜日
観覧期間 4月1日〜12月20日
所在地
郡山市喜久田町堀之内字赤津前71
開花状況の問合せ
四季の里 緑水苑
☎024-959-6764

地域圏：中通り
エリア：県中
市町村：郡山市

MAP

 52 # 舟津公園の桜

ふなつこうえんのさくら

猪苗代湖の向こうには磐梯山を望み、舟津川河口に桜並木があります。その下には菜の花畑が広がり、中からカッパがお出迎えしてくれます。

| 種類 | ソメイヨシノ |
| 見頃 |
4月下旬～5月上旬
| 駐車場 | 有 |
| 所在地 |
郡山市湖南町鰍浜
| 開花状況の問合せ |
湖南町観光協会
☎024-983-2117

 ## 53 青松浜の桜
せいしょうがはまのさくら

樹齢100年を越す松林と白く続く砂浜がある青松浜は有栖川宮威仁親王の元保養地で大正天皇によって命名されたと言われています。猪苗代湖水浴場の中でも最も落ち着いた雰囲気ある場所で、冬には白鳥が飛来し、春から秋にかけて指定場所でバーベキューも楽しめます。また、桜の下には湖の主・大赤亀像があり、湖南地区には200以上の民話が受け継がれています。

地域圏:中通り
エリア :県中
市町村:郡山市

MAP

種類	シダレザクラ		
見頃	4月下旬～5月上旬	駐車場	有
所在地	郡山市湖南町福良		
開花状況の問合せ	湖南町観光協会☎024-983-2117		

🌸54 浜路湖岸道路の桜並木
はまじこがんどうろのさくらなみき

浜路の桜湖岸道路の桜並木が美しく、磐梯山、猪苗代湖、田園のコラボが見られます。浜路浜、横沢浜、館浜、舟津浜とキャンプ場がたくさんあり、ソメイヨシノ、ヤマザクラ、ヤエザクラと長く桜が楽しめます。

地域圏：中通り
エリア ：県中
市町村：郡山市

種類	ソメイヨシノ、ヤマザクラ、ヤエザクラ
見頃	4月下旬～5月上旬
所在地	郡山市湖南町浜路前田
開花状況の問合せ	湖南町観光協会☎024-983-2117

MAP

55 白鳥桜
はくちょうざくら

地域圏：中通り
エリア：県中
市町村：郡山市

MAP

青松浜と秋山浜の中間にあり、お墓の守り桜。しだれ桜の大きな一本桜が咲き誇ります。翼を広げた白鳥のような姿が美しい。

【種類】
シダレザクラ

【見頃】
4月下旬〜5月上旬

【所在地】
郡山市湖南町赤津墓所後137

【開花状況の問合せ】
湖南町観光協会
☎024-983-2117

56 赤津稲荷神社の桜
あかついなりじんじゃのさくら

地域圏：中通り
エリア：県中
市町村：郡山市

布引高原に向かう右手に赤い鳥居と桜が杉林の中で際立っています。

【種類】
オオヤマザクラ
シダレザクラ

【見頃】
4月下旬〜5月上旬

【所在地】
郡山市湖南町稲荷前

MAP

県中

▶ 須賀川市

P046 **58** 横田陣屋御殿桜
P047 **59** 永泉寺のしだれ桜
P047 **60** 長楽寺のサクラ
P048 **61** 護真寺のサクラと桜並木
P049 **62** 古舘のサクラ

P049 **63** 兎内のサクラ
P050 **64** 岩崎山史跡公園の桜
P050 **65** 長沼城址の桜
P050 **66** 妙養寺のしだれ桜
P051 **67** 鹿嶋神社の枝垂れ桜
P051 **68** 藤沼湖自然公園のサクラ

57 釈迦堂川 ふれあいロードの 桜並木

しゃかどうがわふれあいろーどのさくらなみき

河川敷の両岸約2キロにわたり約350本の桜が連なります。5月のこどもの日に合わせて鯉のぼりも気持ちよく空を泳ぎます。

MAP

地域圏：中通り
エリア：県中
市町村：須賀川市

種類	ソメイヨシノ	見頃	4月上旬〜中旬
駐車場	須賀川アリーナ使用	ライトアップ	有
所在地	須賀川市牛袋町周辺		

58 横田陣屋御殿桜
よこたじんやのごてんざくら

江戸時代に横田の地を所領していた溝口氏の邸宅内に植えられていたため「御殿桜」と呼ばれ、長沼地区で一番早く咲きます。赤味がかった濃いピンク色の花が樹全体を覆います。私有地にあるので観覧の際には配慮が必要です。

地域圏:中通り
エリア :県中
市町村:須賀川市

MAP

◎市指定天然記念物

種類
エドヒガンのシダレザクラ

見頃 4月上旬〜4月中旬

樹齢 300年

大きさ
樹高12m、根周3.5m

駐車場 有

所在地
須賀川市横田北ノ後111

59 永泉寺のしだれ桜
えいせんじのしだれざくら

地域圏：中通り
エリア：県中
市町村：須賀川市

長く垂れた枝に赤味がかったピンク色の花が無数につき、地面につくほど枝が垂れ下がる姿は、まるで滝のようです。青空を仰ぐように撮影するのがオススメ！地上3メートルのから二股に分かれた太い枝が四方に大きく広がり東西20メートルにも達します。

◎県緑の文化財
　市指定天然記念物

種類	エドヒガンのシダレザクラ
見頃	4月上旬〜中旬
樹齢	300年
大きさ	樹高17m、根周6m 幹周3.3m
所在地	須賀川市長沼字寺前24

60 長楽寺のサクラ
ちょうらくじのさくら

地域圏：中通り
エリア：県中
市町村：須賀川市

「長楽寺山門」のそばにある枝垂桜が美しい樹形で佇んでいます。

◎市指定の文化財

種類	シダレザクラ
見頃	4月上旬〜中旬
樹齢	250年
所在地	須賀川市 梓衝宮本172

護真寺のサクラと桜並木

ごしんじのさくらとさくらなみき

参道の桜並木を抜けて本堂わきに枝垂桜があります。観応2年(1351年)に本禅等択禅師によって護真寺が開山された時に植えられたと伝わっています。満開時に老樹を覆う赤味がかった淡いピンク色の花は、華麗そのもの。別名「種まき桜」。

地域圏:中通り
エリア:県中
市町村:須賀川市

MAP

◎県緑の文化財、県指定天然記念物

種類	エドヒガンのシダレザクラ、ソメイヨシノ
見頃	4月上旬〜中旬
樹齢	450年
大きさ	樹高15m、幹周4.2m、根周5.8m
駐車場	有
所在地	須賀川市横田北ノ後158

62 古舘のサクラ
ふるだてのさくら

エドヒガンのシダレザクラとしては県内有数の巨木です。南北朝争乱の頃にこの地を治めていた二階堂家によって築城されたと伝えられる館跡の東に隣接するように立ち、樹の根本に不動尊の石像が祀られているため、不動様の桜とも呼ばれています。

地域圏：中通り
エリア：県中
市町村：須賀川市

◎県指定天然記念物

種類	エドヒガンのシダレザクラ
見頃	4月中旬〜下旬
樹齢	450年
大きさ	樹高17m、幹周4.4m、根周5.9m
所在地	須賀川市梓衝古舘43

MAP

63 兎内のサクラ
うさぎうちのさくら

喜多方市沼の平の鏡桜を思わせる桜で、水面に映し出された姿は丸く見えます。池の周りは一周することができます。

種類	ソメイヨシノ
見頃	4月上旬〜中旬
所在地	須賀川市志茂兎内

地域圏：中通り
エリア：県中
市町村：須賀川市

MAP

64 岩崎山史跡公園の桜
いわさきやましせきこうえんのさくら

岩崎山は鎌倉から明治時代まで地区の霊地として多くの供養塔が建てられています。丘陵地全体が城址となっており春には桜が咲き誇ります。

MAP

地域圏：中通り
エリア：県中
市町村：須賀川市

種類	シダレザクラ／ヤマザクラ等
見頃	4月上旬〜中旬
所在地	須賀川市木之崎

65 長沼城址の桜
ながぬまじょうしのさくら

城山に植えられた約300本の異なる種類の桜が満開時には競い合うかのように全山を淡いピンク色に染めます。

MAP

地域圏：中通り
エリア：県中
市町村：須賀川市

種類	ソメイヨシノ、ヒガンザクラ、ヤマザクラ	
見頃	4月上旬〜中旬	樹齢 80年
所在地	須賀川市長沼日高見山地内	

66 妙養寺のしだれ桜
みょうようじのしだれざくら

地域圏：中通り
エリア：県中
市町村：須賀川市

地名から越久の桜とも、地元の人は種蒔桜とも呼び、本堂の右手に咲き誇ります。

MAP

種類	シダレザクラ
見頃	4月上旬〜中旬
樹齢	400年
大きさ	樹高14m、幹周3.8m
ライトアップ	有
所在地	須賀川市越久舘25

67 鹿嶋神社の枝垂れ桜

かしまじんじゃのしだれざくら

地域圏：中通り
エリア ：県中
市町村：須賀川市

須賀川市東部の田園地帯の中にあり、杉林に囲まれひっそりと咲く枝垂桜です。

種類
シダレザクラ

見頃
4月上旬～中旬

所在地
須賀川市浜尾鹿島

MAP

地域圏：中通り
エリア ：県中
市町村：須賀川市

68 藤沼湖自然公園のサクラ

ふじぬまこしぜんこうえんのさくら

東日本大震災で決壊したダムが復旧し、2017（平成29）年に農業用水の供給を再開しました。決壊時に見つかった奇跡のアジサイが7月頃見頃になります。近年は風光明媚な自然公園として整備が進められていて、桜満開時には湖面に映し出される姿が幻想的で見る人の目を楽しませます。

MAP

種類 ソメイヨシノ、シダレザクラ、ヤマザクラ **見頃** 4月中旬～下旬 **所在地** 須賀川市江花石倉山

051

県中

▶田村市

小沢の桜

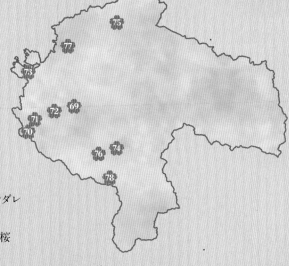

MAP

地域圏:中通り
エリア :県中
市町村:田村市

69 小沢の桜
おざわのさくら

映画「はつ恋」に願いの桜として登場しました。
古き良き日本の原風景が広がっていて、遠くに
は移ヶ岳が見渡せます。

種類	ソメイヨシノ
見頃	4月中旬〜下旬
樹齢	90年
駐車場	有
所在地	

田村市船引町船引字堂前58-2

開花状況の問合せ

田村市観光交流課

☎0247-81-2136

山田の天王桜
やまだのてんのうざくら

地域圏：中通り
エリア：県山
市町村：田村市

MAP

道路から一段高い所にあって、見晴らしのいい桜です。「田村市へようこそ」と言わんばかりに堂々と迎えてくれます。夕日とのコラボレーションを狙いたいです。

種類	シダレザクラ
見頃	4月中旬〜下旬
駐車場	有

所在地
田村市船引町芦沢
字上山田

開花状況の問合せ
田村市観光交流課
☎0247-81-2136

壁須のしだれ桜
かべすのしだれざくら

地域圏：中通り
エリア：県中
市町村：田村市

MAP

「三春の滝桜」の兄弟桜と言われている古木です。県道57号線、峠道の脇にあり、主幹は折れていますが、懸命に花を咲かせています。安達太良山も望めますが、私有地につきマナーを守って観覧ください。

種類	シダレザクラ
見頃	4月中旬〜下旬
樹齢	400年

所在地
田村市船引町芦沢字壁須107

開花状況の問合せ
田村市観光交流課
☎0247-81-2136

MAP

地域圏：中通り
エリア：県中
市町村：田村市

是哉寺地蔵桜

ぜさいじじぞうざくら

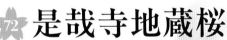

里山の風景にたたずむ桜です。東を向いているため、午後遅い時間になると逆光になります。紅色が濃く桜花旺盛でお地蔵さんが迎えてくれます。種まき桜とも呼ばれています。

◎市指定天然記念物

種類	エドヒガンザクラ
見頃	4月中旬〜下旬
樹齢	350年

大きさ
樹高15.5m、根周7.1m

| 駐車場 | 有 |

所在地
田村市船引町芦沢中ノ内

開花状況の問合せ
田村市観光交流課
☎0247-81-2136

73 大聖寺のベニシダレ
だいしょうじのべにしだれ

地域圏：中通り
エリア：県中
市町村：田村市

三春滝桜の子桜と言われ、桜が空から降ってくる姿は滝のようでもあります。

◎市指定天然記念物

種類	ベニシダレザクラ
見頃	4月中旬～下旬
樹齢	250年

大きさ
樹高7.5m、幹周3.15m
根周4.4m

| 駐車場 | 有 |

所在地
田村市船引町笹山立石8-1

開花状況の問合せ
田村市観光交流課
☎0247-81-2136

74 永泉寺のサクラ
えいせんじのさくら

地域圏：中通り
エリア：県中
市町村：田村市

県を代表する三春滝桜と姉妹樹です。国道349号線からも見えます。

◎県指定天然記念物

種類	シダレザクラ
見頃	4月中旬～下旬
樹齢	400年

大きさ
樹高12m、幹周4.1m、枝張16m

| 駐車場 | 有 |
| ライトアップ | 有 |

所在地
田村市大越町栗出字長根93-1

開花状況の問合せ
田村市観光交流課
☎0247-81-2136

75 松岳寺のしだれ桜
しょうがくじのしだれざくら

正保元年（1644年）、南移の住民が三春滝桜の苗2本を稲荷神社と松岳寺の庭に植えたと伝えられています。

地域圏：中通り
エリア：県中
市町村：田村市

MAP

◎市指定天然記念物

種類	シダレザクラ		
見頃	4月中旬〜下旬	樹齢	350年
大きさ	樹高17m 幹周3.9m 根周6.2m		
駐車場	有	所在地	田村市船引町南移町94
開花状況の問合せ	田村市観光交流課☎0247-81-2136		

76 薬師堂の桜
やくしどうのさくら

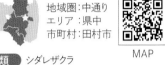
地域圏：中通り
エリア：県中
市町村：田村市
MAP

高台に大きく広がる樹形で、レンギョウとのコントラストが素晴らしいです。左右からお堂を守るかのように立っています。

種類	シダレザクラ
見頃	4月中旬〜下旬
所在地	田村市大越町上大越字明部渕38

77 蛇盛塚のしだれ桜
じゃもりつかのしだれざくら

地域圏：中通り
エリア：県中
市町村：田村市

国道349号線沿いにある菜の花畑の斜面の途中に立っています。地域に災いをなす大蛇を退治し、その亡骸を供養したという言い伝えのある塚があり、そこに咲くしだれ桜。三春滝桜の子孫で1870年頃に植えられたと言います。

種類	シダレザクラ
見頃	4月中旬～下旬
樹齢	150年
駐車場	有

所在地
田村市船引町門鹿幕ノ内78
開花状況の問合せ
田村市観光交流課
☎0247-81-2136

78 弁天桜
べんてんざくら

地域圏：中通り
エリア：県中
市町村：田村市

「嫁ぎ先から生家に帰るのが許されないことを思い悩み、池に身を投じた娘の供養のために親が植えた」という言い伝えがあります。根元には石の祠があり、スギ林の中に静かに佇んでいます。
◎県緑の文化財
　市指定天然記念物

種類	シダレザクラ
見頃	4月中旬～下旬
樹齢	400年
大きさ	

樹高10m、幹周3.9m
所在地
田村市滝根町菅谷字七曲
開花状況の問合せ
田村市観光交流課
☎0247-81-2136

県中

▶三春町
▶小野町

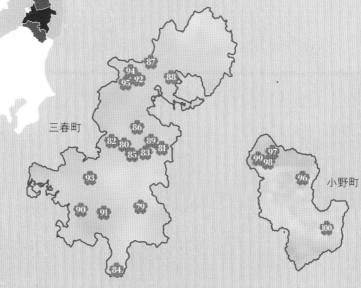

三春町

小野町

79 三春滝桜

みはるたきざくら

日本三大桜様でまさに流れ落ちる滝のように見えることからその名がついたと言われています。無人の姿を狙うなら早朝がおすすめです。観桜料500円(中学生以下無料、団体割引なし)、開花の翌日から葉桜まで。

地域圏:中通り
エリア :県中
市町村:三春町

MAP

◎県指定天然記念物

種類	エドヒガン系ベニシダレザクラ	見頃	4月上旬〜中旬
樹齢	1000年以上	大きさ	樹高13.5m、幹周11.3m
駐車場	有	ライトアップ	有
所在地	田村郡三春町大字滝字桜久保296		
開花状況の問合せ	三春まちづくり公社観光部☎0247-62-3690		

80 福聚寺桜
ふくじゅうじざくら

MAP

地域圏：中通り
エリア：県中
市町村：三春町

境内にはその他にもたくさんの桜があり、シダレザクラが散るとソメイヨシノやヤマザクラが次々に咲きます。

種類	ベニシダレザクラ、エドヒガンザクラ
見頃	4月上旬～中旬
樹齢	450年
駐車場	有　ライトアップ　有
所在地	田村郡三春町字御免町194
開花状況の問合せ	三春まちづくり公社観光部 ☎0247-62-3690

81 芹ヶ沢桜
せりがさわざくら

磐越自動車道の北側にあり、小高い丘の私有地に立つ滝桜の子孫となる桜です。

地域圏：中通り
エリア：県中
市町村：三春町

MAP

◎町指定天然記念物

種類	ベニシダレザクラ
見頃	4月上旬～中旬　樹齢　300年
所在地	田村郡三春町芹ケ沢横台道
開花状況の問合せ	

三春まちづくり公社観光部☎0247-62-3690

82 法華寺の桜
ほっけじのさくら

地域圏：中通り
エリア：県中
市町村：三春町

MAP

花色が濃く、寺院とのコラボが美しい桜です。本堂天井には龍の絵があり必見です。

種類	ベニシダレザクラ
見頃	4月上旬～中旬
樹齢	300年
駐車場	有
所在地	田村郡三春町字八幡町117
開花状況の問合せ	三春まちづくり公社観光部 ☎0247-62-3690

83 八十内かもん桜
やそうちかもんざくら

MAP

地域圏：中通り
エリア：県中
市町村：三春町

枝ぶりが美しい桜で、八十内公園のシンボルともなっています。

◎町天然記念物

種類	ベニシダレザクラ
見頃	4月上旬〜中旬
樹齢	350年　ライトアップ　有
所在地	田村郡三春町桜ケ丘三丁目11
開花状況の問合せ	三春まちづくり公社観光部 ☎0247-62-3690

84 岩ノ入過足の桜
いわのいりよぎあしのさくら

小高い丘の上に咲いていて、裏手にはお墓があります。

地域圏：中通り
エリア：県中
市町村：三春町

MAP

種類	エドヒガンザクラ
見頃	4月上旬〜中旬
所在地	田村郡三春町過足
開花状況の問合せ	三春まちづくり公社観光部 ☎0247-62-3690

85 常楽院しだれ桜
じょうらくいんしだれざくら

明治時代初頭までここにあった修験のお寺。寺があった住宅の土手の上に咲いています。

地域圏：中通り
エリア：県中
市町村：三春町

MAP

種類	ベニシダレザクラ
見頃	4月上旬〜中旬
樹齢	300年　駐車場　有
所在地	田村郡三春町四軒丁
開花状況の問合せ	

三春まちづくり公社観光部 ☎0247-62-3690

86 光岩寺桜
こうがんじざくら

地域圏：中通り
エリア：県中
市町村：三春町

MAP

江戸時代初期の三春藩主・松下長綱の母加藤氏(当時の会津藩主・加藤嘉明の娘)が開いた浄土宗の寺・光岩寺境内にある3本の桜です。2本がベニシダレザクラ、1本がソメイヨシノ。駐車場は急な坂道なので運転は慎重に。

種類	ベニシダレザクラ、ソメイヨシノ	見頃	4月上旬〜中旬	樹齢	200年
所在地	田村郡三春町字亀井	開花状況の問合せ	三春まちづくり公社観光部 ☎0247-62-3690		

87 平堂壇の桜
へいどうだんのさくら

地域圏：中通り
エリア：県中
市町村：三春町

MAP

田畑の中の小高い丘の上に咲く一本桜。遠くから見ても美しいです。三春町最大の平堂壇古墳と呼ばれ、古墳を見守るかのように立っています。

種類
エドヒガンザクラ

見頃
4月上旬〜中旬

駐車場 有

所在地
田村郡三春町
大字北成田字日中内

開花状況の問合せ
三春まちづくり公社観光部
☎0247-62-3690

88 南成田の大桜
みなみなりたのおおざくら

地域圏：中通り
エリア：県中
市町村：三春町

MAP

竹林の斜面に咲く桜で、太い単幹が笠状の樹冠となっています。

◎町指定天然記念物

| 種類 |
エドヒガンザクラ

| 見頃 |
4月上旬～中旬

| 樹齢 | 400年

| 駐車場 | 有

| 大きさ |
樹高17m、幹周7m

| 所在地 |
田村郡三春町南成田大桜

| 開花状況の問合せ |
三春まちづくり公社観光部
☎0247-62-3690

89 栗林の桜
くりばやしのさくら

県道300号線から見える小高い丘の上に咲く2本の枝が夫婦のように寄り添っています。

地域圏：中通り
エリア：県中
市町村：三春町

MAP

| 種類 |
エドヒガンザクラ

| 見頃 |
4月上旬～中旬

| 所在地 |
田村郡三春町栗林付近

| 開花状況の問合せ |
三春まちづくり公社観光部
☎0247-62-3690

 90 弘法桜
こうぼうざくら

 地域圏：中通り
エリア：県中
市町村：三春町

小高い丘の上の共同墓地内にある桜。弘法大師の杖が根付いたという伝説があります。2本桜で片方の紅色が濃く紅白となります。幹根に弘法大師の座像のある祠が立っています。

MAP

| 種類 | エドヒガンザクラ | 見頃 | 4月上旬～中旬 | 樹齢 | 400年 |

所在地　田村郡三春町大字沼沢字古舘18
開花状況の問合せ　三春まちづくり公社観光部☎0247-62-3690

 91 三春ダムの桜
みはるだむのさくら

湖を囲むように桜が咲きます。滝桜と一緒に覧桜し、こちらで花見をしながらお弁当も良いですよ。

MAP

 地域圏：中通り
エリア：県中
市町村：三春町

見頃　4月上旬～中旬
所在地　田村郡三春町大字西方字中ノ内
開花状況の問合せ
三春まちづくり公社観光部☎0247-62-3690

 92 七草木桜
ななくさぎざくら

七草木集落の天神桜から見える位置のすぐ近く、南東の丘にある七草木桜共同墓地内に咲く墓守桜です。

種類	エドヒガンザクラ	見頃	4月上旬〜中旬
樹齢	250年	大きさ	幹周4.9m
所在地	田村郡三春町七草木殿作		
開花状況の問合せ	三春まちづくり公社観光部☎0247-62-3690		

MAP
 地域圏:中通り
エリア :県中
市町村:三春町

93 鷹巣大池の桜
たかのすおおいけのさくら

水田への水を確保するため池です。
一面に広がる花筏が美しい。

MAP
 地域圏:中通り
エリア :県中
市町村:三春町

種類	ソメイヨシノ、シダレザクラ	見頃	4月上旬〜中旬
所在地	田村郡三春町鷹巣字餅田地内	開花状況の問合せ	三春まちづくり公社観光部☎0247-62-3690

 94

七草木の天神桜
ななくさぎのてんじんざくら

県道40号線沿いの田畑に囲まれた丘の上に咲く大桜。根元には天神様が祀られています。

MAP

種類	エドヒガンザクラ	見頃	4月上旬〜中旬
樹齢	250年	駐車場	隣接の七草木地区集会所
所在地	田村郡三春町七草木字殿作		
開花状況の問合せ	三春まちづくり公社観光部 ☎0247-62-3690		

地域圏：中通り
エリア：県中
市町村：三春町

 95

七草木の天神桜の隣り
ななくさぎのてんじんざくらのとなり

MAP

地域圏：中通り
エリア：県中
市町村：三春町

種類	ベニシダレザクラ	見頃	4月上旬〜中旬	駐車場	隣接の七草木地区集会所
所在地	田村郡三春町七草木殿作	開花状況の問合せ	三春まちづくり公社観光部 ☎0247-62-3690		

96 吉野辺種まき桜
よしのべたねまきさくら

小高い丘の上に立っていて、桜の麓には地蔵菩薩を祀った祠があります。

地域圏：中通り
エリア：県中
市町村：小野町

MAP

◎町指定天然記念物

種類	エドヒガンザクラ		
見頃	4月中旬〜下旬	樹齢	400年
大きさ	樹高14m、幹周4.6m、根周5.3m		
所在地	田村郡小野町吉野辺伊達内	開花状況の問合せ	小野町観光協会☎0247-72-6938

97 五蔵内の桜
こぞううちのさくら

桜から離れ遠方から撮影するとボリューム感のある姿をとらえることができます。コブシとの競演が見事です。

MAP

地域圏：中通り
エリア：県中
市町村：小野町

種類	シダレザクラ
見頃	4月中旬〜下旬
所在地	田村郡小野町浮金五蔵内

98 谷地の桜
やちのさくら

地域圏：中通り
エリア：県中
市町村：小野町

MAP

花の形は小さく、紅色がかった美しい色合いで人々を魅了します。町内の桜の中でも、やや遅く開花します。こぶしとのコラボも見られます。

◎町指定天然記念物

種類	エドヒガンザクラ
見頃	4月中旬〜下旬
樹齢	450年
大きさ	樹高14m
所在地	田村郡小野町浮金字柳沢366
開花状況の問合せ	

小野町観光協会☎0247-72-6938

舘のしだれ桜 99
たてのしだれさくら

住宅入り口の道を挟んで2本のシダレザクラがあります。途中の道幅は狭いので車の走行に注意が必要。奥深い山里にひっそり咲いている手入れの行き届いた桜です。

MAP

地域圏：中通り
エリア：県中
市町村：小野町

種類	シダレザクラ	見頃	4月中旬～下旬
所在地	田村郡小野町浮金七ツ椀207		
開花状況の問合せ	小野町観光協会☎0247-72-6938		

夏井の千本桜 100
なついのせんぼんざくら

夏井川の両岸5キロにわたり約1,000本のソメイヨシノが咲き誇ります。

MAP

地域圏：中通り
エリア：県中
市町村：小野町

種類	ソメイヨシノ	見頃	4月中旬～下旬
駐車場	有	ライトアップ	有
所在地	田村郡小野町夏井		
開花状況の問合せ			

小野町観光協会☎0247-72-6938

県中

▶石川町
▶古殿町
▶浅川町
▶玉川村
▶平田村

越代のサクラ

玉川村
平田村
石川町
浅川町
古殿町

101 金毘羅桜
こんぴらざくら

地域圏：中通り
エリア：県中
市町村：玉川村

MAP

天明・天保の大飢饉の後、金毘羅詣りの記念樹として植樹されました。桜の花は見事な枝ぶりで、木の下にはスイセンが植えてあり手入れが行きとどいています。私有地につき、見学の際はマナーを守って観桜ください。

種類	ベニシダレザクラ
見頃	4月上旬〜中旬
樹齢	300年
大きさ	樹高13m、幹回4.5m
駐車場	有　ライトアップ　有
所在地	石川郡玉川村中字向62
開花状況の問合せ	玉川村観光物産協会☎0247-57-7230

102 越代のサクラ
こしだいのさくら

林野庁「森の巨人たち百選」でもある桜です。下から
狙って天の川と撮影したり、遠くの峠から見下ろしたり
といろいろな撮影ポイントがあります。

地域圏：中通り
エリア ：県中
市町村：古殿町

MAP

種類	ヤマザクラ	見頃	4月下旬〜5月上旬	樹齢	400年	大きさ	樹高20m
駐車場	有	ライトアップ	有	所在地	石川郡古殿町大字大久田字越代
開花状況の問合せ	古殿町産業振興課☎0247-53-4620				◎県指定天然記念物

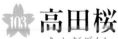

103 高田桜
たかだざくら　　　　　◎県天然記念物

北須川沿いの傾斜地にそびえ立つ大きな桜。桜の横の階段を上って桜と町内を見ることができる町のシンボルです。

種類	エドヒガンザクラ
見頃	4月上旬～中旬
樹齢	500年
大きさ	樹高18m、幹周6.3m
所在地	石川町字高田280-1
開花状況の問合せ	

石川町企画商工課☎0247-26-9113

地域圏：中通り
エリア：県中
市町村：石川町

MAP

104 岩倉桜
いわくらざくら　　　　◎村天然記念物

杉林を背景に佇む大樹で、昔は馬の爪切り場になっていたと伝えられています。道が狭いので譲りあってお進みください。

種類	エドヒガンザクラ
見頃	4月中旬～下旬
樹齢	500年	駐車場	有
大きさ	樹高16m、幹周4.2m
所在地	石川郡平田村鴇子字三合
開花状況の問合せ	

平田村役場 企画商工課☎0247-55-3115

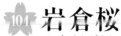

地域圏：中通り
エリア：県中
市町村：平田村

MAP

105 北須川の桜並木
きたすかわのさくらなみき

6キロ以上、2000本もの桜並木で人気スポットとなっています。

| 種類 | |
ソメイヨシノ、ベニシダレザクラ等

見頃	4月上旬～中旬
所在地	石川郡石川町北須川
開花状況の問合せ	

石川町企画商工課☎0247-26-9113

地域圏：中通り
エリア：県中
市町村：石川町

MAP

106 横道のオオヤマザクラ
よこみちのおおやまざくら

水郡線の電車とあわせて撮影することができます。

種類	オオヤマザクラ
見頃	4月中旬～4月下旬
所在地	石川郡浅川町染中内迎付近

地域圏：中通り
エリア：県中
市町村：浅川町

MAP

107 大庄屋桜
だいしょうやざくら

MAP

地域圏：中通り
エリア：県中
市町村：玉川村

石川郡や田村郡を治めた大庄屋が屋敷に植えた桜であることからこの名前が付けられました。

種類	エドヒガンザクラ
見頃	4月上旬～中旬
樹齢	500年
大きさ	樹高15m、幹周5.2m、幹周6.8m
所在地	石川郡玉川村南須釜八又
開花状況の問合せ	

玉川村観光物産協会☎0247-57-4629

108 惣徳寺の桜
そうとくじのさくら

県道14号線沿いの高台にあり、寺桜として植樹されました。今はなき惣徳寺跡地に2本の桜があって、遊歩道もあります。今では珍しい火の見やぐらも見られます。

地域圏：中通り
エリア：県中
市町村：石川町

MAP

種類	エドヒガンザクラ
見頃	4月上旬～中旬
樹齢	250年	駐車場	有
所在地	石川郡石川町坂路字馬場宿132

109 村松の熊野講の桜
むらまつのくまのこうのさくら

田圃の中の丘に立っていて樹下には熊野講の赤い屋根の小さな祠があります。人知れずたたずむ姿が素敵。

MAP

地域圏：中通り
エリア：県中
市町村：石川町

種類	エドヒガンザクラ
見頃	4月中旬～下旬
大きさ	幹周2.8m
所在地	石川郡石川町中田作字矢作

県北

▶福島市
▶桑折町
▶川俣町

花見山公園

110 芳水の桜
ほうすいのさくら

沼面に映る姿は有名で福島市の保存樹に指定されています。
個人所有につきマナーを守って覧桜ください。

MAP

地域圏：中通り
エリア：県北
市町村：福島市

| 種類 | シダレザクラ | 見頃 | 4月上旬〜中旬 | 樹齢 | 140年 |

| 所在地 | 福島市松川町金沢深沢32 | 開花状況の問合せ | 福島市観光案内所☎024-531-6428 |

花見山公園
はなみやまこうえん

ウメ、トウカイザクラ、ヒガンザクラ、ソメイヨシノ、レンギョウ、ボケ、ハナモモなど約70種類が咲き誇る福島県を代表する花の名所。花農家の故・阿部一郎さんとご家族が70年以上かけてつくりあげた「花見山公園」を中心に地域一帯が春色に染まります

MAP

地域圏：中通り
エリア：県北
市町村：福島市

種類	エドヒガンザクラ、ソメイヨシノ等
見頃	3月下旬～4月上旬
駐車場	有　詳しくは花見山特設サイトへ
所在地	福島市渡利

開花状況の問合せ
福島市観光案内所☎024-531-6428

弁天山の桜

112

べんてんやまのさくら

地域圏：中通り
エリア：県北
市町村：福島市

荒川と阿武隈川の合流点付近にある小高い山。「花見山」からも近く、桜の名所として人気です。西側の展望台からは市の中心部を一望でき、吾妻連峰とのコラボも素敵です。

見頃
ソメイヨシノ、シダレザクラ

見頃
4月上旬～中旬

駐車場 有

所在地
福島市渡利字弁天山43-1

開花状況の問合せ
福島市観光案内所
☎024-531-6428

慈徳寺の種まき桜

113

じとくじのたねまきざくら

地域圏：中通り
エリア：県北
市町村：福島市

境内には仙台藩初代当主・伊達政宗の父、輝宗の首塚が残っており、しだれ桜と共に歴史を感じます。別名いと桜。

◎市指定天然記念物

種類 シダレザクラ

見頃 4月上旬～中旬

樹齢 450年

大きさ
樹高15m、幹周3m

駐車場 有

所在地
福島市佐原寺前9

開花状況の問合せ
福島市観光案内所
☎024-531-6428

114 山ノ在家の桜
やまのざけのさくら

地域圏：中通り
エリア：県北
市町村：福島市

MAP

県道148号線沿い、小高い丘の上の墓所に咲くベニシダレザクラです。曲がりくねった枝ぶりが見事。遠くからお墓を隠して撮影することもできます。

種類
ベニシダレザクラ

見頃
4月上旬〜中旬

樹齢
150年

大きさ
樹高13m、幹周11.5m

所在地
福島市小田山ノ在家前

115 右輪台山のしだれ桜
うわだいやまのしだれざくら

地域圏：中通り
エリア：県北
市町村：福島市

500メートルほど続く、しだれ桜の並木です。
狭い道の両側に108本が咲き誇り、桜のトンネルが続きます。

見頃
シダレザクラ

見頃
4月上旬〜中旬

駐車場 有

ライトアップ 有

所在地
福島市松川町
水原字右輪台地内

開花状況の問合せ
福島市観光案内所
☎024-531-6428

MAP

平石雷電前の桜

ひらいしらいでんまえのさくら

116

MAP

地域圏：中通り
エリア：県北
市町村：福島市

平石小学校の南の墓地内にあり、平石神社と隣接しているので合わせて見たい場所です。吾妻連峰と絡めて撮影できますので、夕陽や満月の沈む時間帯に撮影するのがおすすめです。

種類
シダレザクラ

見頃
4月上旬～中旬

樹齢 120年

大きさ
樹高10m、幹周3.5m

所在地
福島市平石雷電前

平石神社の桜

ひらいしじんじゃのさくら

117

MAP

地域圏：中通り
エリア：県北
市町村：福島市

平石小学校の北隣に鎮座しています。

種類 ソメイヨシノ

見頃 4月上旬～中旬

所在地
福島市平石字長屋敷

大蔵寺 本参道の桜

だいぞうじ ほんさんどうのさくら

118

地域圏：中通り
エリア：県北
市町村：福島市

弁天山の麓にあり、旧本参道の入り口、大蔵寺本道に咲く樹齢約300年の夫婦桜です。

MAP

| 種類 | エドヒガンザクラ |

見頃
4月上旬～中旬

| 樹齢 | 300年 |

所在地
福島市小倉寺拾石7

開花状況の問合せ
福島市観光案内所
☎024-531-6428

大蔵寺の桜

だいぞうじ

119

樹齢約600年の「稚児桜」(シダレザクラ)です。お寺は小倉観音さまとも呼ばれ、国の重要文化財に指定されている千手観音も安置されています。1821年に書かれた文献に、すでに老木であったという記述があり、幹の内部は朽ち、樹皮だけで生きているような、たくましい姿に胸が打たれます。

MAP

見頃	4月上旬～中旬
樹齢	600年
所在地	福島市小倉寺拾石7

開花状況の問合せ
福島市観光案内所☎024-531-6428

120 摺上川渓流（穴原温泉）
すりかみがわけいりゅう（あなばらおんせん）

摺上川の橋の上から撮影になります。
マナーを守って撮影したい場所です。

地域圏：中通り
エリア：県北
市町村：福島市

MAP

| 種類 | ソメイヨシノ | 見頃 | 4月上旬〜中旬 | 所在地 | 福島市飯坂町湯野穴原 |

 121 秋山の駒桜
あきやまのこまざくら

女神山の麓にあり、8分咲きから満開になると、白色を帯びた淡紅色となります。角度によって見え方が変わるので、自分のお気に入りの姿を探す楽しみもあります。駒桜の後ろには「亀の子岩」が見られます。

地域圏：中通り
エリア：県北
市町村：川俣町

MAP

◎町指定天然記念物

種類	エドヒガンザクラ
見頃	4月中旬〜下旬
樹齢	500年
大きさ	樹高21m、幹周5.4m、根周5.4m
駐車場	有
所在地	伊達郡川俣町秋山小長石
開花状況の問合せ	

川俣町政策推進課まちづくり推進係
☎024-566-2111

半田山自然公園の桜
はんだやましぜんこうえんのさくら

122

地域圏：中通り
エリア：県北
市町村：桑折町

MAP

遅咲き桜の名所となっており、ヤマザクラ、ソメイヨシノなどが5月上旬頃まで楽しめます。エメラルドグリーンの水面に映し出される桜は絶景。桜花が散った花筏は水面のグリーンと相まってまるで油絵のようです。

種類	ソメイヨシノ、オオヤマザクラなど500本
見頃	4月中旬～5月上旬
駐車場	有
所在地	伊達郡桑折町南半田宮沢17
開花状況の問合せ	半田山自然公園管理センター ☎024-582-4590

常泉寺のシダレザクラ
じょうせんじのしだれざくら

123

地域圏：中通り
エリア：県北
市町村：川俣町

幹は二股に分かれており、両手を広げるように淡紅色が滝のように咲きます。福島県緑の文化財。

種類	エドヒガンザクラ
見頃	4月上旬～中旬
樹齢	250年
大きさ	樹高9m、幹周8.5m
所在地	伊達郡川俣町寺前19
開花状況の問合せ	川俣町政策推進課まちづくり推進係 ☎024-566-2111

MAP

県北

▶二本松市
▶本宮市

二本松市

本宮市

124 小田彦太郎桜
おだひこたろうざくら

小田彦太郎桜から祭田の桜を望むと
里山の風景が広がります。

MAP

地域圏：中通り
エリア：県北
市町村：二本松市

種類	エドヒガンザクラ	見頃	4月上旬～中旬
樹齢	300年	所在地	二本松市大田字祭田地内

125 祭田の桜
まつりだのさくら

目の前に広がる田に手を伸ばして
いるかのような枝ぶりです。ゴツゴ
ツした幹が印象的で個人宅に咲
いています。マナーを守って観桜
ください。

地域圏：中通り
エリア：県北
市町村：二本松市

MAP

◎町指定天然記念物

種類	エドヒガンザクラ	見頃	4月上旬～中旬
樹齢	800年	大きさ	樹高15m、幹周7.5m
駐車場	有	所在地	二本松市太田字祭田62

地域圏：中通り
エリア：県北
市町村：二本松市

 126 **日向の人待地蔵桜**
ひなたのひとまちじぞうざくら

見事な桜の大木です。根元では
お地蔵様が道ゆく人を見守って
くれます。朝日吾妻連峰を遠望
できる雄大な情景に感動です。

種類	ソメイヨシノ
見頃	4月上旬〜中旬
樹齢	250年
駐車場	有
ライトアップ	有
所在地	

二本松市長折日向1

MAP

127 福田寺の糸桜
ふくでんじのいとざくら

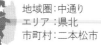

地域圏：中通り
エリア：県北
市町村：二本松市

「三春滝桜」の娘で、合戦場のしだれ桜の母と伝わります。糸を垂らしたような枝が地表近くまで伸びているのが特徴です。

◎県緑の文化財

種類	シダレザクラ
見頃	4月中旬～下旬
樹齢	300年
大きさ	
樹高20m幹周5m	
駐車場	有
所在地	

二本松市東新殿字大久保134

128 新殿神社の岩桜
にいどのじんじゃのいわざくら

地域圏：中通り
エリア：県北
市町村：二本松市

鳥居の上に4本の岩割桜がそびえ立っています。道の駅さくらの郷のそばにあります。

種類	
エドヒガンザクラ

| 見頃 | |
4月中旬～下旬

| 所在地 | |
二本松市
東新殿字大久保

MAP

129 安達ヶ原ふるさと村

あだちがはらふるさとむら

地域圏：中通り
エリア：県北
市町村：二本松市

謡曲や歌舞伎などの「黒塚」で有名な鬼婆伝説の地。
五重塔を背景とした桜の景観が楽しめます。

種類
ソメイヨシノ、ヤマザクラ
シダレザクラ
見頃 4月上旬〜中旬
駐車場 有
ライトアップ 有
所在地
二本松市安達ヶ原4丁目地内

MAP

愛蔵寺の護摩ザクラ

ある火災の折、秘密護摩礼が飛んできてこの桜の枝に留まったため「護摩ザクラ」と呼ばれています。

あいぞうじのごまざくら

地域圏：中通り
エリア：県北
市町村：二本松市

MAP

◎市指定天然記念物

種類	ベニヒガンザクラ
見頃	4月中旬〜下旬
樹齢	800年
大きさ	樹高9.8m、幹周3.3m、根周3.4m
所在地	二本松市戸沢字細田10

131 中島の地蔵桜
なかじまのじぞうざくら

地域圏：中通り
エリア：県北
市町村：二本松市

MAP

水を張った田んぼに映し出される姿は素晴らしいです。遠くに残雪の安達太良連峰を望むのどかな風景です。

種類
ベニシダレザクラ

見頃
4月上旬〜中旬

樹齢
150年

大きさ
樹高10m、枝張30m

駐車場 有

ライトアップ 有

所在地
二本松市針道字中島46

132 合戦場のしだれ桜
かっせんばのしだれざくら

八幡太郎義家と安倍貞任・宗任兄弟との合戦場と伝わる地に立つ2本のベニシダレザクラです。「三春滝桜」の孫桜。現在、樹勢回復治療中です。

地域圏：中通り
エリア：県北
市町村：二本松市

◎町天然記念物指定　県緑の文化財

種類
ベニシダレザクラ

見頃
4月上旬〜中旬

樹齢 180年

大きさ
樹高18m、幹周3.3m
根周2.8m

駐車場 有

所在地
二本松市大林字142

MAP

133 本久寺の桜
ほんきゅうじのさくら

丹羽光重公が入府した1643年に植樹されたと伝えられるシダレザクラの古木。枝ぶりが素晴らしく、紅色の艶やかな花が咲きます。本堂南側の大きく傾斜した土手に立っています。

地域圏：中通り
エリア ：県北
市町村：二本松市

◎市指定天然記念物

MAP

種類	シダレザクラ
見頃	4月上旬～中旬
樹齢	380年
大きさ	樹高9m、根周2.7m
所在地	二本松市根崎1丁目267-1

134 龍泉寺の翔龍桜
りゅうせんじのしょうりゅうざくら

淡く赤みがかった桜の花と棚田に咲く菜の花や桃の花などとの共演も。斜面の墓地で大空に羽を広げているような翔龍桜です。

MAP

種類	エドヒガンザクラ	見頃	4月上旬～中旬
樹齢	300年	駐車場	有
所在地	二本松市二伊滝一丁目81		

地域圏：中通り
エリア ：県北
市町村：二本松市

135 万燈桜
まんとうざくら

地域圏 : 中通り
エリア : 県北
市町村 : 二本松市

道の駅「安達」の下り線敷地内にあります。安達太良山を背景に高く伸びた枝ぶりが美しいです。

種類	エドヒガンザクラ
見頃	4月上旬〜中旬
樹齢	270年
大きさ	樹高15m
駐車場	有
ライトアップ	有
所在地	二本松市米沢下川原田105-2

MAP

136 桃前のサクラ
ももぜんのさくら

道路沿いに立っている樹齢500年のエドヒガンザクラ。力強い幹と小さなお地蔵様が印象的です。

地域圏 : 中通り
エリア : 県北
市町村 : 二本松市

MAP

◎市指定天然記念物

種類	エドヒガンザクラ	見頃	4月上旬〜中旬
樹齢	500年		
大きさ	樹高15m、根周6.24m		
駐車場	有	所在地	二本松市戸沢字桃前20

 137 ムトーフラワーパーク

むとーふらわーぱーく

種類	シダレザクラ	見頃	4月上旬～中旬
駐車場	有	所在地	二本松市橋本305

開花状況の問合せ

ムトーフラワーパーク（武藤）☎0243-22-4956

山林を切り拓いて作られた個人庭園です。駐車場から丘を越え5分、安達太良山を背景に春の花々が咲き競います。キリシマ、クルメツツジは5月上旬～中旬、西洋シャクナゲが4月上旬～5月上旬です。

 地域圏：中通り
エリア：県北
市町村：二本松市

MAP

138 稚児舞台の桜

ちごぶたいのさくら

阿武隈川の流れがつくり上げた奇岩怪岩で連なる場所にあります。桜の下に咲く白い花は稚児桜と称されるユキヤナギの群生地となっています。

MAP

 地域圏：中通り
エリア：県北
市町村：二本松市

種類	ソメイヨシノ	見頃	4月中旬～下旬
駐車場	有	所在地	二本松市上川崎字稚児山

139 鏡石寺の シダレザクラ

きょうせきじのしだれざくら

枝張りが二重になった見事な重層樹形です。

地域圏：中通り
エリア：県北
市町村：二本松市

MAP

◎市指定天然記念物

種類	シダレザクラ		
見頃	4月上旬〜中旬	樹齢	400年
駐車場	有	所在地	二本松市亀谷1-110

140 山中の伊三郎桜

やまなかのいさぶろうざくら

根の張りが一方に伸び、空洞になっています。昔、伊三郎という風流な人がいて、木の下で琵琶などを弾いていたのが、名前の由来となっています。個人宅の庭にあります。

地域圏：中通り
エリア：県北
市町村：二本松市

MAP

種類	エドヒガンザクラ
見頃	4月中旬〜下旬
樹齢	380年
大きさ	樹高29m、幹周3.5m
駐車場	有
所在地	二本松市西勝田字明堂70

141 一本杉公園 山田の桜

いっぽんすぎこうえん やまだのさくら

全体の形が「ハートに見える」と
話題になっています。

地域圏：中通り
エリア：県北
市町村：二本松市

MAP

種類	エドヒガンザクラ
見頃	4月中旬〜下旬
大きさ	樹高18m、幹周5.2m
駐車場	有
所在地	二本松市杉沢字山田83

茶園の桜
142
さえんのさくら

地域圏：中通り
エリア：県北
市町村：二本松市

MAP

住宅地なので、見学の際は近隣の皆様のご迷惑にならないようにしましょう。樹勢は旺盛で、濃いピンク色の花をいっぱいに咲かせます。

◎市指定天然記念物

種類	エドヒガンザクラ
見頃	4月上旬〜中旬
樹齢	800年

大きさ
樹高12m、幹周5.2m
根周5.6m

所在地
二本松市茶園1-77

芹沢の千年桜
143
せりざわのせんねんざくら

地域圏：中通り
エリア：県北
市町村：二本松市

MAP

樹形に特徴があり見る角度によって姿、印象を変えます。

◎市指定天然記念物

種類	エドヒガンザクラ
見頃	4月上旬〜中旬
樹齢	800年

大きさ
樹高20m、幹周5.7m
根周8.7m

駐車場	有

所在地
二本松市芹沢地内

144 岳温泉桜坂
だけおんせんさくらざか

「桜坂」の名前のとおり、両側に約300本のソメイヨシノがあります。開花の時期には見事な桜のトンネルとなり温泉街から鏡ケ池公園に続く坂道です。

地域圏：中通り
エリア ：県北
市町村：二本松市

MAP

種類	ソメイヨシノ
見頃	4月中旬～下旬
所在地	二本松市岳温泉

145 鏡ケ池公園
かがみがいけこうえん

親水公園として観光客にも親しまれ自然庭園風に整備されています。

種類	ソメイヨシノ、シダレザクラ
見頃	4月中旬～下旬	駐車場	有
所在地	二本松市岳温泉1丁目地内

地域圏：中通り
エリア ：県北
市町村：二本松市

MAP

146 塩ノ崎の大桜

しおのさきのおおざくら

地上1メートルのところで三枝に分かれ、東西南北各20メートルに伸びた均衡がとれた見事な枝ぶりです。

地域圏：中通り
エリア：県北
市町村：本宮市

MAP

◎県指定天然記念物

種類	エドヒガンザクラ	見頃	4月上旬～中旬
樹齢	600年	大きさ	樹高18m、幹周7m
駐車場	有	ライトアップ	有
所在地	本宮市白岩字塩ノ崎		

開花状況の問合せ

本宮市産業部商工観光課☎0243-24-5382

天空郷の桜
147
てんくうきょうのさくら

地域圏：中通り
エリア：県北
市町村：本宮市

駐車場を囲むように何百本の桜があり、まるで天空郷のようなロケーションです。須賀川、藤沼湖決壊時に残った奇跡のアジサイ100本も咲き誇ります（満開は7月頃）。塩ノ崎の大桜の目の前、善意の駐車場があります。私有地につきマナーを守ってご覧ください。

見頃	4月上旬〜中旬
駐車場	有
所在地	

本宮市白岩字塩ノ崎415

開花状況の問合せ
温熱ケア・天然温泉天空郷
☎0243-24-7767

日輪寺の紅枝垂桜
148
にちりんじのべにしだれざくら

地域圏：中通り
エリア：県北
市町村：本宮市

幹が根元より二つに分かれた双樹の巨木です。地表近くまで垂れた枝に淡紅色の花が一斉に咲いた時の眺めは優美。早咲きの桜です。

◎市指定天然記念物

種類	ベニシダレザクラ
見頃	

3月下旬〜4月上旬

樹齢	200年
大きさ	

樹高9m、東西に16m

駐車場	有
所在地	

本宮市本宮山田36-2

149 花と歴史の郷 蛇の鼻
はなとれきしのさと じゃのはな

四季折々の花々を楽しむことができる観光庭園です。約10万坪の園内にはシダレザクラなどの古木が点在しています。4月～11月無休（大人800円/子供400円）で、蛇の鼻御殿は1年を通して拝観できます。

地域圏：中通り
エリア ：県北
市町村：本宮市

MAP

(見頃) 4月上旬～中旬 　(駐車場) 有
(所在地) 本宮市本宮字蛇ノ鼻38 　(開花状況の問合せ) 蛇の鼻☎0243-34-2036

150 宮久保の大桜
みやくぼのおおざくら

宝暦年間（1751～64）には既に大桜だったと伝えられている年季の入った「肥上げ桜」です。

MAP

地域圏：中通り
エリア ：県北
市町村：本宮市

◎市指定天然記念物

(種類) エドヒガンザクラ 　(見頃) 3月下旬～4月上旬 　(樹齢) 500年
(大きさ) 樹高15m、幹周3.8m 　(所在地) 本宮市長屋字鼓石76
(開花状況の問合せ) 本宮市産業部商工観光課☎0243-24-5382

105

南会津

▶南会津町
▶下郷町

下郷町

南会津町

151 蝉トンネル

せみとんねる

国道118号線沿い、雪解け水が幻の滝となり
鶴沼川へと流れる場所で、運転の疲れを癒し
てくれます。

地域圏：会津
エリア ：南会津
市町村：下郷町

MAP

種類	オオヤマザクラ
見頃	4月下旬〜5月上旬
所在地	南会津郡下郷町枝松

152 湯野上温泉駅の桜
ゆのかみおんせんえきのさくら

地域圏：会津
エリア：南会津
市町村：下郷町

会津鉄道会津線で、茅葺き屋根の駅舎ホームに並ぶソメイヨシノが美しいです。東北の駅百選でもあり、構内には囲炉裏もあるなど風情ある景観で撮影スポットとしても人気です。

種類
ソメイヨシノ、シダレザクラ
見頃
4月下旬～5月上旬
所在地
南会津郡下郷町
湯野字大島
開花状況の問合せ
下郷町観光案内所
☎0241-68-2920

153 戸赤のやまざくら
とあかのやまざくら

地域圏：会津
エリア：南会津
市町村：下郷町

約100本の木が山の斜面に広がり、春には美しい光景が広がります。明治時代から「留め木」として地域の人々により大切に守られてきました。

見頃 オオヤマザクラ群
種類
4月下旬～5月上旬
所在地
南会津郡下郷町戸赤林下
開花状況の問合せ
開花状況はライブカメラでご確認ください

154 熊野神社の桜
くまのじんじゃのさくら

地域圏：会津
エリア：南会津
市町村：南会津町

南今津には熊野神社がたくさんありますが、南郷総合支所と山口屋旅館の裏手にある熊野神社の桜です。南郷地域で最初に開花します。

種類
ソメイヨシノ
見頃
4月下旬〜5月上旬
所在地
南会津郡南会津町
山口字村上
開花状況の問合せ
南会津町観光物産協会
☎0241-62-3000

155 久川城跡の桜
ひさかわじょうあとのさくら

地域圏：会津
エリア：南会津
市町村：南会津町

伊達政宗による奥会津への侵攻を阻むため築城された山城跡に咲きます。

見頃 オオヤマザクラ
種類
4月下旬〜5月上旬
所在地
南会津町青柳字小丈山・
小塩字丸山外地内
開花状況の問合せ
南会津町観光物産協会
☎0241-62-3000

109

南泉寺の平し桜

なんせんじのへいしちざくら

地域圏：会津
エリア：南会津
市町村：南会津町

MAP

綺麗な樹冠をしており
茅葺きの鐘楼門との
組み合わせが有名で
歴史を感じさせます。

種類	シダレザクラ

見頃
4月中旬〜下旬

樹齢 120年

大きさ
樹高5m、幹周1.5m
枝張5m

駐車場 有

所在地
南会津町静川
字西ノ沢口乙14

開花状況の問合せ
南会津町観光物産協会
☎0241-62-3000

子安観音堂の桜

こやすかんのんどうのさくら

地域圏：会津
エリア：南会津
市町村：下郷町

MAP

国道118号線から住宅地
を北に少し入ったところに
ある桜です。

種類 シダレザクラ

見頃 4月中旬〜下旬

所在地
南会津郡下郷町枝松居平

158 青柳観音堂の桜
あおやぎかんのんどうのさくら

MAP

地域圏：会津
エリア：南会津
市町村：南会津町

県道351号線沿い、伊南地区青柳集落の
小高い丘に咲いています。

種類	ソメイヨシノ
見頃	4月下旬～5月上旬
所在地	南会津郡南会津町青柳
開花状況の問合せ	

南会津町観光物産協会
☎0241-62-3000

159 熊野神社の桜
くまのじんじゃのさくら

浜野地区の住宅地裏にある公園に
咲いています。

MAP

地域圏：会津
エリア：南会津
市町村：南会津町

見頃	4月下旬～5月上旬
所在地	南会津郡南会津町浜野
開花状況の問合せ	

南会津町観光物産協会
☎0241-62-3000

160 伊南川沿いの大山桜並木
いながわぞいのおおやまさくらなみき

大手門橋周辺から青柳橋にかけて
大山桜が70本咲いています。

地域圏：会津
エリア：南会津
市町村：南会津町

見頃	4月下旬～5月上旬
所在地	南会津町古町地内
開花状況の問合せ	

MAP

伊南観光センター
☎0241-64-5711

小塩うえんでの桜
こしおうえんでのさくら

うえんでの桜は、雪害や老木のため古木となり腐って伐採されました。地元小塩区の皆様が植林を行い、新たな桜の名所を期待しています。

地域圏：会津
エリア：南会津
市町村：南会津町

MAP

種類	ソメイヨシノ
見頃	4月下旬～5月上旬
所在地	南会津郡南会津町小塩字丸山
開花状況の問合せ	

南会津町観光物産協会☎0241-62-3000

162 高畑スキー場付近
たかはたすきーじょうふきん

残雪とヤマザクラのコラボレーションに春の喜びを感じます。

地域圏：会津
エリア：南会津
市町村：南会津町

種類	ヤマザクラ
見頃	4月下旬～5月上旬
所在地	南会津郡南会津町大桃

163 花木の宿付近
かぼくのやどふきん

尾瀬の入り口にあたる国道352号線と並行して流れる伊南川沿いにヤマザクラが点在しています。

地域圏：会津
エリア：南会津
市町村：南会津町

MAP

| 見頃 | 4月下旬～5月上旬 |
| 所在地 | 南会津郡南会津町大桃平沢山 |

耶麻郡

▶猪苗代町

猪苗代町

猪苗代湖

164 猪苗代湖 志田浜の桜

いなわしろこ しだはまのさくら

地域圏:会津
エリア:耶麻
市町村:猪苗代町

桜は小さいながらも磐梯山と猪苗代湖とのコラボを楽しめます。夕日の時間帯がおすすめです。

種類	ソメイヨシノ、シダレザクラ	見頃	4月中旬〜下旬	駐車場	有
所在地	耶麻郡猪苗代町壺楊浜				

MAP

165 猪苗代町運動公園の桜
いなわしろまちうんどうこうえんのさくら

地域圏：会津
エリア：耶麻
市町村：猪苗代町

陸上競技場、野球場、球戯場、ゲートボール場を
囲うように桜並木があります。

MAP

種類
ソメイヨシノ、シダレザクラ
ヤエザクラ
見頃 4月下旬〜5月上旬
駐車場 有
所在地
耶麻郡猪苗代町字上園
1340−1

166 猪苗代 湖畔の桜
いなわしろ　こはんのさくら

猪苗代湖と畑のあぜ道に佇む一本桜です。秋にはそば畑との
コラボが楽しめます。

地域圏：会津
エリア：耶麻
市町村：猪苗代町

MAP

種類	ヤマザクラ
見頃	5月上旬～中旬
所在地	耶麻郡猪苗代町金田

167 観音寺川の桜並木
かんのんじがわのさくらなみき

地域圏：会津
エリア：耶麻
市町村：猪苗代町

観音寺川の両岸約1キロに200本ほどの桜並木が見られます。観音寺川は護岸工事がされていない自然のままの姿で、雪解け水が段差のあるせせらぎをS字に流れていきます。足元には芽吹き始めた新緑が桜のピンクをより一層引き立て、河原に降りて眺めるとそのコントラストに魅了されます。桜祭り開催中の7色にライトアップされた夜桜はひと味違った魅力があります。

MAP

種類	ソメイヨシノ、シダレザクラ
見頃	4月中旬〜下旬
駐車場	有　ライトアップ　有
所在地	耶麻郡猪苗代町大字川桁
開花状況の問合せ	猪苗代観光協会☎0242-62-2048

168 白津の八重桜
しろづのやえさくら

周りと比べて一番遅く咲く八重桜です。

地域圏：会津
エリア：耶麻
市町村：猪苗代町

MAP

| 種類 | ヤエザクラ | 見頃 | 4月中旬〜下旬 |

所在地　耶麻郡猪苗代町大字八幡地内

開花状況の問合せ
猪苗代観光協会☎0242-62-2048

169 白津の桜
しろづのさくら

ホテルリステル猪苗代の近くにある白津八幡神社。その西側の墓地にある桜群は白津の桜と呼ばれています。シダレザクラ2本のほか、エドヒガン9本、カスミザクラ2本、ウワミズザクラ1本があります。

MAP

地域圏：会津
エリア：耶麻
市町村：猪苗代町

種類　エドヒガンザクラ、カスミザクラ、ウワミズザクラ
駐車場　白津の桜手前の集会所が利用可能
開花状況の問合せ　猪苗代観光協会☎0242-62-2048

見頃　4月中旬〜下旬
所在地　耶麻郡猪苗代町大字八幡地内

170 観音寺の
紅枝垂桜

かんのんじのべにしだれざくら

亀ヶ城主「三浦家」の菩提寺。観音寺石造宝篋印塔は、本堂前にある安山岩の石塔で県指定重要文化財、山門は町指定重要文化財に指定されています。歴史を感じる佇まいが桜とマッチします。

MAP

地域圏：会津
エリア：耶麻
市町村：猪苗代町

種類	ベニシダレザクラ
見頃	4月中旬〜下旬
樹齢	130年
所在地	耶麻郡猪苗代町川桁村北2347

171 八幡神社の桜

はちまんじんじゃのさくら

地域圏：会津
エリア：耶麻
市町村：猪苗代町

MAP

村の鎮守として信仰されてきた神社で、誉田別命（ホンダワケノミコト）を祀っています。旧長瀬村の鎮守だったようです。

種類
エドヒガンザクラ
シダレザクラ

見頃
4月中旬〜下旬

所在地
耶麻郡猪苗代町
大字八幡字宮ノ腰

172 天鏡閣の桜
てんきょうかくのさくら

地域圏:会津
エリア:耶麻
市町村:猪苗代町

MAP

国指定重要文化財である天鏡閣は皇室ゆかりの洋風建築物です。県内でも開花時期が遅いソメイヨシノで敷地内に大きく佇む姿は、明治時代にタイムスリップしたようです。ドラマや映画のロケ地としても利用されています。

種類 ソメイヨシノ
見頃 4月下旬～5月上旬
駐車場 有
所在地 耶麻郡猪苗代町翁沢御殿山1048
開花状況の問合せ 天鏡閣☎0242-65-2811

173 亀ヶ城公園の桜
かめがじょうこうえんのさくら

地域圏:会津
エリア:耶麻
市町村:猪苗代町

MAP

残雪の磐梯山や猪苗代の絶景との共演は見事です。現在は総合公園として総合体育館、体験交流館、むかし体験館、みんなの広場、じゃぶじゃぶ池、わんぱく広場などの施設があります。

種類 ソメイヨシノ等
見頃 4月中旬～下旬
駐車場 有
所在地 耶麻郡猪苗代町字古城跡7150
開花状況の問合せ 猪苗代観光協会
☎0242-62-2048

174 町営磐梯山牧場の桜

ちょうえいばんだいさんぼくじょうのさくら

NHK大河ドラマ「八重の桜」の撮影場所として有名です。道の両端には1キロ以上に渡って桜並木が続き、「まきばのさくらロード」とも呼ばれています。見下ろせば猪苗代湖も見える最高のビュースポットで、200本のソメイヨシノが咲きます。

MAP

地域圏：会津
エリア：耶麻
市町村：猪苗代町

種類	ソメイヨシノ		
見頃	4月中旬～下旬	駐車場	有
所在地	耶麻郡猪苗代町長田酸奨沢		
開花状況の問合せ	猪苗代観光協会☎0242-62-2048		

耶麻郡

▶ 北塩原村
▶ 磐梯町

北塩原村

磐梯町

175 ママキャンプ場の桜

ままきゃんぷじょうのさくら

地域圏：会津
エリア：耶麻
市町村：北塩原村

カメラマンに人気のスポットですが、私有地にあるのでマナーを守って覧桜してください。

MAP

種類
オオヤマザクラ

見頃
4月下旬～5月上旬

所在地
耶麻郡北塩原村
大字桧原字細野

176

まきばキャンプ場の桜

まきばきゃんぷじょうのさくら

土手の上から民家を見守るように色濃く、悠々と咲くヤマザクラ。設備は最小限で昔ながらのキャンプ場ですが、家族経営ならではの温かく、ゆったりした雰囲気があります。

MAP

地域圏：会津
エリア：耶麻
市町村：北塩原村

見頃　オオヤマザクラ
樹齢　4月下旬～5月上旬
所在地　耶麻郡北塩原村大字桧原字細野659
開花状況の問合せ
まきばキャンプ場☎0241-33-2316

 # 桧原の一本桜手前の桜
ひばらのいっぽんざくらてまえのさくら

桜は私有地の畑の中にありますので、
マナーを守って観桜ください。

地域圏：会津
エリア：耶麻
市町村：北塩原村

MAP

種類
オオヤマザクラ
見頃
4月下旬〜5月上旬
駐車場　有
所在地
耶麻郡北塩原村桧原

178 EN RESORT
グランデコホテル裏の桜
ぐらんでこほてるうらのさくら

地域圏：会津
エリア：耶麻
市町村：北塩原村

ホテル北側と南側に桜が多数あります。駐車場には植樹されたオオヤマザクラ、裏手のアクティビティパークには古樹のオオヤマザクラがあります。

MAP

種類	オオヤマザクラ
見頃	4月下旬〜5月上旬
所在地	耶麻郡北塩原村 桧原荒砂沢山

開花状況の問合せ
EN RESORT グランデコホテル
☎0241-32-3200

179 EN RESORT
グランデコホテル前の桜
ぐらんでこほてるまえのさくら

地域圏：会津
エリア：耶麻
市町村：北塩原村

MAP

種類	オオヤマザクラ
見頃	4月下旬〜5月上旬
所在地	耶麻郡北塩原村 桧原荒砂沢山

開花状況の問合せ
EN RESORT グランデコホテル
☎0241-32-3200

180 桧原の一本桜

ひばらのいっぽんざくら

山地圏｜会津
エリア：耶麻
市町村：北塩原村

桧原湖の北側、人里離れた畑にピンク色の一本桜が映えます。周囲には新緑も見られるのでコントラストが美しいです。北塩原周辺で一番遅く咲きます。私有地につき撮影には注意を払いましょう。

MAP

| 種類 | オオヤマザクラ | 見頃 | 4月下旬〜5月上旬 |
| 駐車場 | 有 | 所在地 | 耶麻郡北塩原村桧原 |

桜峠のオオヤマザクラ

さくらとうげのおおやまざくら

2001年の敬宮愛子内親王殿下御誕生をお祝いし、翌年、2001本のオオヤマザクラをオーナー制により植樹しました。今では約3000本になっています。夕陽の時間帯には神秘的な色合いを醸しだし、一目千本の絶景が待っています。年々オオヤマザクラが成長し、今後ますます見応えを増していくのが楽しみです。裏磐梯の遅い春をピンク色に染める桜峠に、ぜひ足を運んでみてください。

MAP

 地域圏:会津
エリア:耶麻
市町村:北塩原村

種類	オオヤマザクラ	見頃	4月中旬～下旬
駐車場	有(協力金500円)	所在地	耶麻郡北塩原村大塩桜峠
開花状況の問合せ	裏磐梯観光協会☎0241-32-2349		

182 曲沢沼の桜

まがりさわぬまのさくら

地域圏：会津
エリア：耶麻
市町村：北塩原村

カメラマンの穴場的スポットで、沼のほとりに静かに咲く桜も絶景です。

MAP

種類 オオヤマザクラ

見頃
4月下旬～5月上旬

駐車場 有

所在地
耶麻郡北塩原村桧原曽原山

183 神楽沼(華蔵沼)の桜

かぐらぬま(かぐらぬま)のさくら

地域圏：会津
エリア：耶麻
市町村：北塩原村

神楽沼は波静かで、湖面が鏡となり2本の桜が美しく水面に映り込みます。

MAP

種類 オオヤマザクラ

見頃
4月下旬～5月上旬

所在地
耶麻郡北塩原村
桧原甚九郎沢山

184 五色沼（毘沙門沼）の桜
ごしきぬま（びしゃもんぬま）

地域圏：会津
エリア：耶麻
市町村：北塩原村

MAP

2016年にミシュラン グリーンガイド1つ星となりました。沼によって、エメラルドグリーン、コバルトブルー、ターコイズブルー、エメラルドブルー、パステルブルーに輝く光景は神秘的です。

種類	オオヤマザクラ
見頃	4月下旬～5月上旬
所在地	耶麻郡北塩原村 大字桧原字剣ヶ峯1093-1055
開花状況の問合せ	裏磐梯観光協会 ☎0241-32-2349

185 裏磐梯物産館（柳沼）の桜
うらばんだいぶっさんかん（やぎぬま）のさくら

地域圏：会津
エリア：耶麻
市町村：北塩原村

物産館の裏手にある柳沼湖畔に佇む
オオヤマザクラです。

種類	オオヤマザクラ
見頃	4月下旬～5月上旬
駐車場	有
所在地	

MAP

耶麻郡北塩原村大字桧原湯平山1171-9
開花状況の問合せ
裏磐梯物産館☎0241-32-3751

186 中津川渓谷の桜
なかつがわけいこくのさくら

秋元湖に流れ込む中津川の源流にある渓谷です。レストハウスから渓谷まで徒歩15分ほどで下りられます。

MAP

地域圏：会津
エリア：耶麻
市町村：北塩原村

種類	オオヤマザクラ、ヤマザクラ
見頃	4月下旬～5月上旬
駐車場	レストハウスの駐車場利用
所在地	耶麻郡北塩原村

188 # 北塩原村 桧原湖畔 雄子沢原付近
きたしおばらむら ひばらこはん おしざわはらふきん

雪の多い年には残雪と桜の共演が
楽しめます。

MAP

地域圏：会津
エリア：耶麻
市町村：北塩原村

種類	オオヤマザクラ
見頃	4月下旬～5月上旬
所在地	耶麻郡北塩原村 桧原雄子沢原付近

桧原湖と裏磐梯

187

ひばらことうらばんだい

国道459号線、会津若松裏磐梯線。土手を上がり桜と磐梯山を絡めるのがポイント。夕方の光は絶景です。

地域圏：会津
エリア：耶麻
市町村：北塩原村

MAP

種類	オオヤマザクラ
見頃	4月下旬～5月上旬
所在地	耶麻郡北塩原村大字桧原

桧原大橋

189

ひばらおおはし

地域圏：会津
エリア：耶麻
市町村：北塩原村

MAP

種類	オオヤマザクラ
見頃	4月下旬～5月上旬
所在地	耶麻郡北塩原村大字桧原 県道64号線

八幡神社の桜

190

はちまんじんじゃのさくら

誉田別皇命(ホンダワケノミコト)を祀っています。木造八幡太郎義家馬と像があり、村の鎮守として信仰されてきた神社です。

種類	エドヒガンザクラ
見頃	4月中旬～下旬
樹齢	250年
所在地	耶麻郡磐梯町 大字赤枝字西畑地内

MAP

地域圏：会津
エリア：耶麻
市町村：磐梯町

ゴールドライン
幻の滝の桜

ごーるどらいん
まぼろしのたきのさくら

ゴールドラインの途中にある滝で岩場を何段にもなって落ちています。水の飛沫が美しく落差は約18メートル。滝壺のそばまで近づくことができます。磐梯山ゴールドラインの駐車スペースから滝までは徒歩約5分で行けます。

MAP

地域圏：会津
エリア：耶麻
市町村：磐梯町

種類	ヤマザクラ
見頃	4月下旬～5月上旬
駐車場	有
所在地	耶麻郡磐梯町磐梯

ゴールドラインの桜

ごーるどらいんのさくら

地域圏：会津
エリア：耶麻
市町村：磐梯町

MAP

種類	オオヤマザクラ
見頃	4月下旬～5月上旬
所在地	耶麻郡磐梯町磐梯

 193 ゴールドライン とび滝の桜

ごーるどらいん とびたきのさくら

滑滝を過ぎ、さらに磐梯山ゴールドラインを上がっていくと、右手に勇壮な「とび滝」が見えてきます。岩肌を縫うような落差10メートルの滝です。

種類	オオヤマザクラ	見頃	4月下旬〜5月上旬
駐車場	有	所在地	耶麻郡磐梯町磐梯

MAP

地域圏：会津
エリア：耶麻
市町村：磐梯町

 194 ゴールドライン 滑滝の桜

ごーるどらいん なめりたきのさくら

滑滝とは本来、滝の形状を表す言葉ですが、岩肌を滑るように水が流れ落ちる様がそのまま滝の名前になりました。

MAP

 地域圏：会津
エリア：耶麻
市町村：磐梯町

種類	オオヤマザクラ	見頃	4月下旬〜5月上旬
駐車場	有	所在地	耶麻郡磐梯町磐梯

会津

▶喜多方市
▶会津若松市
▶会津美里町
▶三島町
▶金山町

喜多方市
金山町
三島町
会津美里町
会津若松市

195 石部桜
いしべざくら

地域圏：会津
エリア：会津
市町村：会津若松市

MAP

NHK 大河ドラマ「八重の桜」のオープニングに登場した桜。10本の幹からなり、枝張りは約20メートル。のびのびと枝を広げる姿は雄大です。駐車場より徒歩15分のところにあります。

◎市指定天然記念物

種類	エドヒガンザクラ
見頃	4月中旬〜下旬
樹齢	650年
大きさ	樹高11m

所在地
会津若松市一箕町八幡石部

開花状況の問合せ
会津若松観光ビューロー
☎0242-27-4005

196 道の駅 喜多の郷 八方池の桜
みちのえき きたのさと はっぽういけのさくら

地域圏：会津
エリア：会津
市町村：喜多方市

MAP

道の駅「ふれあいパーク喜多の郷」の八方池の周囲に約70本のソメイヨシノが咲き誇ります。周辺にはソメイヨシノやヤマザクラなど約200本が植栽されており、飯豊連峰を望みながら、水面に映る桜を楽しむことができます。

種類	ソメイヨシノ ヤマザクラ
見頃	4月中旬〜下旬
駐車場	有

所在地
喜多方市松山町鳥見山三町歩
5598-1

開花状況の問合せ
喜多方市ふるさと振興(株)
☎0241-21-1139

197 鶴ヶ城の桜
つるがじょうのさくら

春には約1000本のソメイヨシノが開花し「桜の名所100選」にも選ばれています。

地域圏：会津
エリア ：会津
市町村：会津若松市

MAP

◎桜の名所100選

種類	ソメイヨシノ、ヤエザクラ、コヒガンザクラ
見頃	4月中旬〜下旬
駐車場	有　ライトアップ　有
所在地	会津若松市追手町1-1
開花状況の問合せ	

会津若松観光ビューロー ☎0242-27-4005

 198

日中線しだれ桜並木

にっちゅうせんしだれざくらなみき

日中線の跡を「自転車歩行車道」として整備し、約3キロに
わたり、約1000本のしだれ桜が立ち並びます。かつて日中
線を走っていたSLが展示。通りには桜トンネルのように
なっている、絶景のスポットです。

地域圏：会津
エリア：会津
市町村：喜多方市

MAP

種類	ヤエベニシダレザクラ
見頃	4月中旬～下旬
駐車場	

有(協力金あり)
※さくらまつり開催期間中のみ

ライトアップ	有
所在地	喜多方市押切東2丁目ほか
開花状況の問合せ	

(一社)喜多方観光物産協会
☎0241-24-5200

199 日中線記念館の桜
にっちゅうせんきねんかんのさくら

旧国鉄日中線・熱塩駅のモダンな
洋風駅舎に桜が映えます。平成
20年度に経済産業省の「近代化
産業遺産群 統33」に認定。

見頃	4月中旬～下旬
駐車場	有　ライトアップ 有
所在地	喜多方市熱塩加納町熱塩字前田丁602-2
開花状況の問合せ	喜多方市教育委員会文化課 ☎0241-24-5323

地域圏：会津
エリア：会津
市町村：喜多方市

MAP

200 沼ノ平の棚田の桜
ぬまのだいらのたなだのさくら

沼ノ平の鏡桜が終わる頃に、棚
田に植樹した3種類の桜を楽しむ
ことができます。

種類	オオヤマザクラ
見頃	4月中旬～下旬
駐車場	有
所在地	喜多方市山都町朝倉字東城乙1326-1
開花状況の問合せ	

喜多方市山都総合支所産業課
☎0241-38-3831

地域圏：会津
エリア：会津
市町村：喜多方市

MAP

201 沼ノ平の鏡桜
ぬまのたいらのかがみさくら

水面に映って格別の美しさを醸し出すこと
から「鏡桜」と呼ばれます。濃い紅色の
花が艶やかですが、開花期間が短いため
幻の桜とも言われます。

地域圏：会津
エリア：会津
市町村：喜多方市

種類	オオヤマザクラ
見頃	4月中旬～下旬
樹齢	100年
駐車場	有
所在地	喜多方市山都町朝倉
開花状況の問合せ	

喜多方市山都総合支所産業課
☎0241-38-3831

MAP

202 十六橋水門の桜
じゅうろっきょうすいもんのさくら

安積原野へ水を流すために、猪苗
代湖の水位を調整する水門です。
100年以上の歴史を持つ石積みの
門柱と16の石造アーチは
歴史的価値が高いです。

地域圏：会津
エリア：会津
市町村：会津若松市
MAP

種類	ソメイヨシノ
見頃	4月中旬〜下旬
所在地	会津若松市湊町 大字赤井戸ノ口

203 東京電力リニューアブルパワー
猪苗代第四発電所の桜
とうきょうでんりょくりにゅーあぶるぱわーいなわしろだいよんはつでんしょのさくら

発電所近くには、発電所建設に使用された切立橋が
現存し、日橋川対岸より橋と発電所を一望できます。

地域圏：会津
エリア：会津
市町村：喜多方市
MAP

種類	ソメイヨシノ
見頃	4月中旬〜下旬
所在地	喜多方市塩川町金橋

204 米沢の千歳桜
よねざわのちとせざくら

濃紅色の鮮やかなベニヒガンザクラで、広々し
た農地に佇み遠目にも目立つ桜です。2021年
腐朽により倒れましたが、地元の人の懸命な努
力により徐々に回復しています。

地域圏：会津
エリア：会津
市町村：会津美里町

MAP

◎県指定天然記念物、県緑の文化財

種類	ベニヒガンザクラ
見頃	4月中旬〜下旬
樹齢	700年以上
所在地	大沼郡会津美里町米田字池南
開花状況の問合せ	

会津美里町観光協会☎0242-56-4882

205 霧幻峡 早戸温泉郷の桜
むげんきょう はやとおんせんきょうのさくら

早戸温泉つるの湯の近くにあるこの桜並木は川霧桜遊歩道と名付けられています。只見川のエメラルドグリーンと桜に心を奪われます。

| 地域圏：会津 |
| エリア ：会津 |
| 市町村：三島町 |

種類	オオヤマザクラ、ソメイヨシノ
見頃	4月下旬～5月上旬
所在地	
大沼郡三島町早戸湯ノ平888	
開花状況の問合せ	
三島町観光協会☎0241-48-5000	

---

 206 古御田の桜
ふるおんたのさくら

県立大沼高校サブグラウンド内に佇むエドヒガンザクラ。※高校グラウンド内のため、見学の際はご配慮ください。

種類	エドヒガンザクラ
見頃	4月中旬～下旬
大きさ	樹高11m
駐車場	有
所在地	大沼郡会津美里町字鹿島3061-1
開花状況の問合せ	会津美里町観光協会
	☎0242-56-4882

| 地域圏：会津 |
| エリア ：会津 |
| 市町村：会津美里町 |

MAP

---

207 馬ノ墓の種蒔桜
うまのはかのたねまきざくら

ベニヒガンザクラの大木で、小さく濃いピンクの花が咲きます。満開の頃には周囲の畑の緑に桜色が映えます。

種類	ベニヒガンザクラ
見頃	4月中旬～下旬
樹齢	300年
大きさ	樹高15m、幹周6m
所在地	大沼郡会津美里町旭三寄字薬師堂
開花状況の問合せ	会津美里町観光協会
	☎0242-56-4882

| 地域圏：会津 |
| エリア ：会津 |
| 市町村：会津美里町 |

MAP

中川農村公園の桜
なかがわのうそんこうえんのさくら

道の駅「奥会津かねやま」に隣接する「宮崎館跡」
が公園となり眺望も素晴らしいです。

種類	
ヤマザクラ、オオヤマザクラ

所在地
大沼郡金山町中川

開花状況の問合せ
金山町観光物産協会
☎0241-42-7211

MAP

地域圏：会津
エリア：会津
市町村：金山町

会津越川駅の桜
あいづこすがわえきのさくら

静かな無人駅にも春の訪れとともに
桜が祝福してくれます。

種類	ヤマザクラ
見頃	4月下旬～5月上旬

所在地
大沼郡金山町越川

開花状況の問合せ
金山町観光物産協会
☎0241-42-7211

地域圏：会津
エリア：会津
市町村：金山町

MAP

只見線
第三只見川橋梁の桜
ただみせんだいさんただみがわきょうりょうのさくら

国道252号線の高清水スノー
シェッド内に数台の駐車スペー
スがあります。

種類	オオヤマザクラ
見頃	4月下旬～5月上旬

所在地
大沼郡三島町名入

開花状況の問合せ
三島町観光協会
☎0241-48-5000

地域圏：会津
エリア：会津
市町村：三島町

MAP

 211 大林ふるさとの山の桜
おおばやしふるさとのやまのさくら

地域圏：会津
エリア：会津
市町村：三島町

雪解けとともに可憐なカタクリが咲き始め、少し
遅れてオオヤマザクラが斜面一面に咲き誇りま
す。薄紫色をしたカタクリの絨毯とピンクに染まる
桜の天井を楽しめます。

種類	オオヤマザクラ
見頃	4月下旬～5月上旬
所在地	大沼郡三島町西方
開花状況の問合せ

三島町観光協会
☎0241-48-5000

MAP

212 太郎布集落の桜

たらぶしゅうらくのさくら

MAP

地域圏：会津
エリア：会津
市町村：金山町

日本屈指の豪雪地で集落の背後にはブナの森が広がります。前山登山口にある池に映りこむ桜の姿は、日本の原風景にふさわしい光景です。

種類	オオヤマザクラ等
見頃	4月下旬～5月上旬
所在地	大沼郡金山町大字太郎布地内
開花状況の問合せ	金山町観光物産協会

☎0241-42-7211

213 大志集落と只見川

おおししゅうらくとただみがわ

大志集落は、赤や青などカラフルな屋根をもつ民家が多く、尻吹峠から只見線の列車を撮影するスポットになっています。

地域圏：会津
エリア：会津
市町村：金山町

MAP

種類	ヤマザクラ、オオヤマザクラ
見頃	4月下旬～5月上旬
所在地	大沼郡金山町大志
開花状況の問合せ

金山町観光物産協会☎0241-42-7211

214 只見線第六只見川橋梁の桜

ただみせんだいろくただみがわきょうりょうのさくら

地域圏：会津
エリア：会津
市町村：金山町

MAP

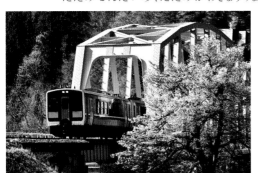

11年の歳月をかけ全線再開通した只見線に、再び黄色の第六橋梁が蘇りました。

種類	ヤマザクラ
見頃	4月下旬～5月上旬
所在地	大沼郡金山町
開花状況の問合せ

金山町観光物産協会☎0241-42-7211

INDEX

なみちゃんが歩いた撮影スポット

福島桜旅214

発 行 日	2024年2月14日 初版第1刷発行
著 者	酒井なみ
発 行 人	片村昇一
編 集	藤森邦晃
発 行 所	株式会社日本写真企画
	〒104-0032 東京都中央区八丁堀4-10-8
	第3SSビル601
	TEL 03-3551-2643　FAX 03-3551-2370
デザイン	泉かほり（オンデザイン）
印刷・製本	シナノ印刷株式会社
協 力	熊田孝一、影山 博、永山弘恵

フォトマスターエキスパート(総合)
ニッコールクラブ 郡山支部長
ヨークカルチャー 写真教室 講師
きくた・フォトクラブ 講師
福島県内 一本桜番付表
選定常任委員